교사로서 던지는 질문

나는
어떤
특수교사
인가

나는
어떤
특수교사
인가

초판 1쇄 인쇄 2019년 12월 12일
초판 1쇄 발행 2019년 12월 22일

지은이 김동인
펴낸이 김승희
펴낸곳 도서출판 살림터

기획 정광일
편집 조현주
북디자인 꼬리별

인쇄·제본 (주)신화프린팅
종이 월드페이퍼(주)

주소 서울시 양천구 목동동로 293, 22층 2215-1호
전화 02-3141-6553
팩스 02-3141-6555
출판등록 2008년 3월 18일 제313-1990-12호
이메일 gwang80@hanmail.net
블로그 http://blog.naver.com/dkffk1020

ISBN 979-11-5930-124-7 03370

이 도서의 국립중앙도서관 출판예정도서목록(CIP)은 서지정보유통지원시스템 홈페이지(http://seoji.
nl.go.kr)와 국가자료종합목록 구축시스템(http://kolis-net.nl.go.kr)에서 이용하실 수 있습니다.
(CIP제어번호: CIP2019050221)

교사로서 던지는 질문

나는 어떤 특수교사 인가

살림터

새로운 수업 방식을
두려워하지 말고 도전하라

정은희_조선대학교 특수교육과

　시간을 거슬러 학부 시절 김동인 선생을 떠올려 본다. ROTC를 하면서도 학과 일이나 학업에 성실하였고, 교사로서의 꿈이 분명했던 모습이다. 이번 학기에는 대학원 박사과정에서 다시 지도교수로 만나게 되었다. 그는 이제 잘 가르치는 교사가 되기 위해 부단히 노력하고 연구하고 있다. 최근에는 『나는 어떤 특수교사인가』라는 책을 통하여 독자로서도 만나게 되었다. 교사로서의 삶을 성찰하고, 교육관에 대한 고민과 교육 경험담을 나누고, 후배 교사들에게 앞서간 길을 보여 주고자 한다.

　많은 학부생들이 교사를 꿈꾸면서도 눈앞에 닥친 임용을 준비하느라 미처 특수교사로서의 철학을 다 갖추지 못한 채 현장에 나가게 된다. 학부에서 상당한 전공 지식을 학습했음에도 불구하고 현장 적용은 늘 제한이 따른다. 실천적 지식은 절대적인 시간과 경험이 필요하다. 어려움에 직면했을 때 선배 교사의 조언과 안내는 다른 어떤 것보다도 문제 해결의 지름길이다.

　특수교육은 학생들의 독특한 교육적 요구에 부합하기 위해 다양한 수업 방법과 전략들이 요구되며, 많은 특수교사들이 창의적인 도전들을 시도하고 있다.

이 책은 잘 가르치기 위해 끊임없이 연구하고, 새로운 수업 방식을 두려워하지 말고 도전하라는 메시지를 전하고 있다. 학생과 교사가 모두 성장하는 경험 중심의 구체적인 사례들이 소개되고 있다.

좋은 교사가 되기 위해서는 개인의 특성과 노력이 무엇보다 중요하지만 사회적으로 적절히 상호작용할 때 더욱 좋은 교사로 성장할 수 있다. 이 책에 소개된 그의 신념과 실천 사례들이 많은 교사들과 공유되고, 끊임없이 상호작용함으로써 김동인 선생이 더 좋은 교사로 성장하기를 바란다.

2019년 12월

정은희

외부에 강의를 나가면 상투적인 소개를 받는다. "어느 학교에 근무하고 있는 김동인 선생님입니다. 짝짝짝~" 사회자의 소개를 받고 다시 한 번 자기소개 겸 인사를 한다. "정식으로 소개하겠습니다. 저는 어느 학교에 근무하고 있는 특수교사 김동인입니다. 현재 연구부 업무를 맡고 있고요, ○○부장입니다." 강의 때마다 자기소개를 하는 여러 가지 이유가 있지만 가장 큰 이유는 '특수교사'라는 것을 강조하고 싶어서이다.

교사는 학교에서 보통 두 가지 이름으로 불린다. '○○부장', '○○ 선생님.' 어떤 분들은 선생님이라는 직함 대신 매번 부장이라고 부른다. 그럴 때마다 웃으면서 인사는 하지만 기분이 좋지만은 않다. '나는 회사 부장이 아니라 학교 선생님인데 왜 자꾸 부장이라고 부를까'라는 불만 섞인 생각을 한다.

학교에서 지내다 보면 아이들과 함께하는 시간이 전부여야 하지만 맡은 업무에 따라 사업 추진이나 행정업무를 해야 하는 상황이 생길 수밖에 없다. 그러면서 행정적으로 어느 정도 능력을 발휘하면 일 잘하는 교사로 인정받고 유능한 교사가 되어 있다. 그러나 우리가 교사가 된 이유는 행정업무와 사업 추진을 잘하기 위해서가 아니라 아이들을 기르고 가르치기 위해서다. 그래서 나는 일 잘하는 '김 부장'으로 불리기보다 수업 잘하는 '김 선생님'이 되고 싶었다.

수업을 잘하는 교사가 되어야 한다는 생각이 깊어질수록 아이들과 만나는 수업에 대한 고민이 생긴다. 이렇게 다양한 장애와 특성이 너무 다른 이 아이들에게 가장 필요한 교육은 무엇일까. 무엇을 가르쳐야 할까, 어떻게 가르쳐야 할까, 가르쳐야 할 것들을 잘 가르치고 있나 하는 생각이 수업을 하는 매 순간 나를 사로잡는다. 또한 내가 하고 있는 교육활동에 대한 의심이 생긴다. 가르치는 내용에 대해, 가르치는 방법에 대해, 내가 가르친 아이들의 인생에 대해.

교사가 되고 한동안은 수업을 하는 것이 무섭고 두려웠다. 정확히 말하면 자신이 없었다. 교사가 맞는가라는 생각을 했다. 학부 때 배웠던 특수교육학, 교육과정, 교수·학습법에 대한 회의감이 들었다. 그렇게 한동안 방황을 하면서 특수교사에 대해 생각하게 되었다. 특수교사 되고 나서, 특수교사가 되기 위한 고민을 하기 시작한 것이다. 내가 하는 교육활동과 수업, 특수교사의 전문성에 대해. 지금도 거기에 대한 답을 찾아가는 과정에 있다.

예전에 비해 특수교육이 양적으로 많이 성장했다. 특수교육 대상 학생들의 증가와 더불어 특수학교, 특수학급 또한 증설되었다. 뿐만 아니라 교육환경 개선을 위해 각종 예산 지원과 시설 개선이 이루어지고 있음을 체감한다. 그렇다면 양적 팽창과 함께 질적 향상도 이루어지고 있는가. 그것을 판단하는 조건과 기준은 무엇인가. 여기에 대해 어떤 것이라 확정지어 말하기는 어려울 것이다. 그렇지만 특수교육이 질적으로 향상되는 데 특수교사가 중요한 요소이자 역할을 한다는 것은 명확하게 말할 수 있다. 특수교육을 살아 움직이게 하는 특수교육의 심장이 바로 특수교사이기 때문이다.

아무리 좋은 특수교육 환경과 제도, 시스템을 만들었다 하더라도 현장의 특수교사가 움직이지 않는다면 특수교육은 죽어 있는 것과 같다. 만약 특수교육이 유기체라면 특수교육 대상 학생은 유기체 존재 이유이자 그 자체다. 그리고 그 생명을 유지시키고, 필요한 혈액과 영양분을 공급하는 심장이 특수교사다. 다시 말해 장애 학생들에게 필요한 교육과 제도, 지원 등이 제대로 제공될 수 있도록 역할을 해야 하는 주체가 특수교사인 것이다.

결국 특수교사가 그 역할을 제대로 감당할 때 특수교육이 양적 성장과 더불어 질적으로 성장하고 있다고 말할 수 있다.

그러면서 질문을 던져 본다. 나는 특수교육의 심장으로 그 역할을 제대로 감당하고 있는가. 처음 특수교사를 마음에 담았을 때 그렸던 특수교사의 모습에 얼마나 가까워져 있는가.

이와 함께 다른 동료, 선·후배 특수교사들과 예비 특수교사들에게 시선이 머물렀다. 다른 선생님들은 어떤 특수교사를 마음에 품었고, 어떤 교육철학으로 특수교육을 하고 있을까. 그리고 그분들이 생각하는 특수교사에 얼마나 다가가 있을까. 분명 나와 같은 질문과 고민이 있을 것이고, 때에 따라서는 질문에 대한 답을 찾아가는 과정 중일 텐데, 어떤 노력과 도전을 하고 있을까.

그런 선생님들에게 말하고 싶다.

"선생님만 하고 있는 방황이 아닙니다. 선생님만 하고 있는 고민이 아닙니다. 선생님만 홀로 걷고 있는 것이 아닙니다."

이 책의 절반은 특수교사의 교육관과 교사관에 대해 이야기하고 있다. 나머지 절반은 수업에 대해 말하고 있다. 교사에게 교육관과 교사관은 매우 중요하다. 특수교사가 어떤 교육관과 교사관을 지녔느냐에 따라 그 선생님을 만난 학생들의 삶과 인생이 달라질 수 있고, 그것은 결국 특수교육의 질과 직결된다.

한편 수업은 교사의 교육관, 교사관을 포함한 교육철학과 의지를 실천하고 표현하는 가장 중요한 방법이다. 그렇기 때문에 '수업'에 대한 내용으로 절반을 채웠다.

이 책을 통해 나누면서 아끼려고 한다. 내가 연구하고 시도했던 방법들과 생각들을 나눔으로써 시행착오를 조금이나마 줄이고, 이제 막 답을 찾기 위한 여정이 시작된 선생님들이 시간과 노력을 아낄 수 있도록 도움을 주고자 한다. 물론 이 책을 읽었다고 해서 모든 문제가 해결되고, 없었던 사명감과 특수교사의 전문성이 갑자기 생겨나지는 않을 것이다. 더욱이 특수학교에서의 경험과 지적장애, 정서·행동장애 학생들과의 교직생활을 바탕으로 썼기에 단편적이라고 생각할 수도 있다. 하지만 그 안에 담겨 있는 가치와 메시지, 질문들은 많은 부분 공감이 되고 또한 여러 생각들을 불러일으키기에 충분할 것이다.

어쩌면 이 책의 질문들로 인해 고민이 더 깊어질지도 모르겠다. 하지만 그런 생각들이 많아지면 많아질수록, 무모한 도전들이 무한 도전이 될수록 특수교사의 질은 높아질 것이고, 특수교육의 질도 높아질 것이다. 그에 대한 결과로 특수교사들의 생각과 경험, 도전이 잔뜩 묻어난 수많은 책들이 무수히 쏟아질 것이다. 그것을 기대해 본다.

2019년 11월

차례

1.

특수교사, 그 이름에 대하여

Oh Captain, My Captain.
_〈죽은 시인의 사회〉 중에서

특수교사,
철밥통인가?

공무원들을 소위 철밥통이라고 표현한다. 여기에는 특수교사도 해당될 것이다. 철밥통의 뜻을 찾아보면 "철로 만들어서 튼튼하고 깨지지 않는 밥통이라는 뜻으로, 해고의 위험이 적고 고용이 안정된 직업을 비유적으로 이르는 말"이라고 되어 있다(네이버 국어사전). 그만큼 교사라는 직업이 안정적이고, 특별한 일이 있지 않으면 정년이 보장되기 때문에 그렇게 부를 것이다. 그런데 필자는 철밥통이라는 말을 그다지 좋아하지 않는다. 왜냐하면 철밥통은 안정된 여건 속에서 성장하거나 발전하기 위한 노력은 하지 않고, 타성에 젖어 현재에 안주해 있는 집단을 부정적으로 부를 때 쓰는 표현이기 때문이다.

하지만 특수교사를 포함하여 대부분의 교사들은 그렇지 않다. 내가 맡은 학생들을 제대로 가르치기 위해 지금도 연구에 열중하며, 방학마다 연수를 통해 새로운 것을 배우고 연습한다. 교사인 내가 배우고, 연구하는 모든 활동이 학생들의 변화와 성장에 영향을 줄 것이라 생각하기 때문에 단 한 순간도 배움을 게을리할 수 없다.

장애 학생을 가르치는 특수교사는 더욱 그렇다. 단순한 지식 전달과 생활지도의 차원을 넘어 인간으로서 살아가는 데 필요한 기본적인 생활습관을 형성시키고, 일반적으로 이해되기 어려운 문제행동을 수정해 주는 역할을 해야 한다. 따라서 장애 학생들의 표면적인 모습뿐 아니라 내면까지 살펴야 하고, 학생과 부모, 가족 나아가 생활환경 전반을 고려하여 교육활동을 해야 하기 때문에 그 장애 학생에 대한 전문가가 되어야 한다. 그리고 파악된 모든 정보와 상황을 고려하여 교육 계획을 수립하고 지도한다.

그런데 어찌 특수교사에게 철밥통이란 말이 어울릴 수 있을까. 오히려 다른 어떤 집단보다 열정적이며, 시대변화에 민감하게 반응하고, 새로움을 익히기 위해 쉼 없이 도전하는 사람들이 바로 특수교사다. 그러면서 사회의 편견, 교육계의 편견을 견뎌야 하며, 특수교육의 교육적 위상을 높이고자 주어진 위치에서 자신의 역할을 해내고자 노력한다. 특히, 일반 학교에 있는 특수학급의 특수교사는 자신의 미흡함과 부족함이 다른 특수교사와 특수교육의 미흡함과 부족함으로 비칠 수 있기 때문에 조금의 흐트러짐도 보이지 않기 위해 늘 긴장하고 철저한 자기관리를 위해 노력한다.

가끔 그렇지 않은 특수교사들도 있다. 같은 특수교사라고 부르기 부끄러울 정도로 무책임한 특수교사들도 보인다. 수업을 한다고 들어가서 하는 활동이 대부분 영화를 보여 주는 것이다. 영화 자체가 나쁜 것은 아니다. 교육과정 재구성을 통해서 해당 성취기준을 경험하는 데 영화가 활용되었다면 그것은 훌륭한 수업자료가 될 것이다. 그러나 그렇지 않다면 그 이유는 아마 다음과 같을 것이다.

'수업 준비가 되지 않았거나, 수업을 하기 싫거나, 그냥 편하고 싶

거나.'

이런 선생님이 교육과정 분석을 통해 학생에게 필요한 내용으로 교육과정으로 재구성하고, 교재 연구를 통해 학습자료로 영화를 선정했을까. 그것은 너무 낙관적인 기대일 것이다.

그래서 그 반 학생들을 만나면 물어보곤 했다.

'오늘은 무슨 영화 봤어?' 어떤 활동을 했는지도 물어보지 않는다. 그러면 학생들의 입에서 웬만한 최신 영화 제목은 다 나온다. 그럴 때마다 그 선생님께 말해 주고 싶다. '선생님, 만약 선생님의 자녀라면 그렇게 가르칠 수 있겠습니까?'

물론 이런 특수교사는 극히 드물다. 오히려 학생들 때문에 늘 걱정하고, 심지어 개인적인 모임 자리에서도 학생들 이야기가 떠나지 않는다.

'어제는 영광이가 걷기 활동에 스스로 참여해서 기뻤고, 오늘은 명준이가 때려서 속상하고 힘들었다.'

'오늘은 드디어 유나가 스스로 걷기를 시작해서 너무 기뻤고 눈물이 났다.'

'내일은 원호가 정밀검사를 받으러 가서 결석을 하게 되는데 걱정스럽다.'

특수교사로 살고 있는 선생님들의 삶에서 아이들은 너무나 큰 부분을 차지한다. 작은 변화와 성취에 기쁨과 보람을 느끼기도 하지만, 더러는 학생들의 어려움과 안타까운 일들로 인해 특수교사까지 영향을 받는다. 때로는 자신이 만난 장애 학생으로 인해 삶의 가치관이 변하기도 한다. 그만큼 특수교사는 자신이 맡고 있는 학생들에게 많은 관심과 에너지를 쏟고 정서적으로 몰입되어 있다.

그런데 어찌 특수교사가 철밥통이 될 수 있을까. 만약 특수교사를 철밥통이라고 부르고 싶다면 다른 어떤 냄비보다 뜨겁게 끓고 있는 철밥통이라고 불러 주길 바란다.

#특수교사의 질문!
나는 철밥통이라는 말이 어울리는 특수교사인가,
어울리지 않는 특수교사인가.

나를 위한 여행?
아이들을 위한 여행!

A학년 교실

김 선생 이 선생님, 이번 겨울 방학에 뭐 하세요?

이 선생 이번에 해외 좀 다녀오려고요.

김 선생 작년에도 다녀오지 않았어요?

이 선생 일 년에 한 번씩은 다녀와야죠.

통화 중

조 선생 박 선생님, 이번에 임용고시 합격하셨다면서요. 축
하해요.

박 선생 감사합니다. 그래도 하니까 되네요.

조 선생 그럼 올해 계획이 어떻게 되세요?

박 선생 올해는 좀 쉬면서 해외여행이나 다녀오려고요.

여행은 좋은 것이다. 장애 학생들과 수업을 하다 보면 상호작용이
많지 않고 특수교사의 일방적인 에너지 소비가 많기 때문에 더 쉽
게, 더 빨리 지친다. 물론 일반 교사도 지친다. 다른 것은 차치하고

수업만을 생각해 보았을 때 학생들이 보이는 흥미와 참여도, 성취도가 낮다면 교사는 여러 가지 고민이 생긴다. 거기에 불성실한 태도를 보이거나 수업에 방해되는 행동들이 반복된다면 교사는 힘들어질 수밖에 없다. 그러나 특수교사의 힘듦은 일반 교사의 힘듦과 결이 약간 다르다. 가령, 일반 학생들과 수업을 하게 되면 서로 피드백이 오가며 역동이 일어나기 때문에 덜 피로할 수 있으나, 장애 학생들과 수업을 하게 되면 오롯이 특수교사의 에너지만 쏟고 나오게 된다. 그렇게 한 학기를 보내면 특수교사들은 번아웃Burn out되기 십상이다. 그래서 특수교사를 포함하여 교사들은 방학을 통해 에너지를 보충하고 소진된 내면을 다시 채울 필요가 있다. 그런 면에서 여행은 특수교사의 번아웃된 내면을 다시 채우기에 좋은 방법이 될 수 있고 많은 특수교사들이 이러한 이유에서 여행을 다닌다.

그런데 한 번쯤은 생각해 보아야 한다.

내가 여행을 생각하는 이유는 무엇인가. 아이들을 잘 가르치기 위해 여행을 생각하는 것인가, 여행을 위해 또는 개인적인 다른 어떤 것을 위해 생각하고 있는 것인가.

이 질문에 대해 대부분은 전자라고 말할 테지만, 후자에 대해서도 깊게 생각해 보아야 한다. 단순히 여행이라는 것으로 국한지어 표현했지만 내가 특수교사를 하고 있는 이유에 대해 던지는 질문이다.

다른 어떤 것을 위해(여행, 사업, 편의 등) 특수교사를 하고 있다면 그것은 내가 만나는 아이들에게는 정말 미안한 일이며, 특수교사인 자신에게는 안타까운 일이다. 만약 다른 어떤 것을 위해 특수교사가 되기로 마음먹은 예비 특수교사나, 신규, 저경력 특수교사가 있다면 아직 늦지 않았으니 다른 진로를 생각해 보기를 권한다.

교사는 다른 사람의 인생에 영향을 미치는 사람이다. 일반 학생들도 어떤 교사를 만나느냐에 따라 인생이 바뀌는 경우가 많다. 학생들에 대한 선생님의 영향력을 이야기한 책들이 아주 많다.

선생님의 지도력은 학생들의 학업성취 및 인생의 진로는 물론 인격 형성에까지 큰 영향을 끼친다. 특히, 초등학생의 경우에는 담임선생님이 학습지도 및 생활지도 등 전 영역을 담당하고 있어서 학생들에게 미치는 여향은 절대적이라고 할 수 있다. 중학생들 역시 학교 적응에 가장 영향을 주는 보호 요인은 선생님의 지지였고 그다음이 친구들의 지지였다.[1]

학생에게 교사의 영향력은 매우 중요하며 어떤 선생님을 만나느냐에 따라 학생의 인생이 충분히 변화하고 달라질 수도 있다.

장애 학생들에게 특수교사는 더 큰 영향을 미친다. 특히 지적장애나 정서장애가 있는 학생들은 비판적 사고, 선택적 수용력이 부족한 경우가 많기 때문에 특수교사가 어떤 교육철학과 교육관을 가졌느냐에 따라 학생들의 모습이 달라진다. 가령, 활발하고 자기주도적 성향의 선생님을 만난 학생들은 밝고 쾌활하며 적극인 모습을 보인

1. 김수진·이정숙·최봉실(2004), 「지역사회 청소년 정신보건사업 모형의 개발을 위한 학교적응 유연성 영향요인 연구」, 정신간호학회지.

다. 반면 정적이고 소극적인 선생님을 만난 반의 학생들은 조용하고 소극적이 된다. 그래서 학생들의 모습을 보면 그 반 담임선생님의 성향을 파악해 볼 수 있다. 그만큼 특수교사는 장애 학생들에게 직간접적으로 많은 영향력을 행사하고 있는 셈이다. 그런데 어찌 특수교사를 자신만의 교육철학이나 교육관 없이 단순한 부업쯤으로나 생각할 수 있을까. 어찌 특수교사를 내가 하고 싶은 어떤 것을 위한 수단 정도로만 생각할 수 있을까. 특수교사가 된 이상 내가 만난 학생들의 인생을 성공적으로 이끌어 줄 수는 없더라도 최소한 피해는 주지 않아야 한다. 그럴 자신이 없다면 우리가 만날 학생들을 위해서라도 특수교사가 아닌 다른 길을 찾길 바란다.

#특수교사의 질문!
특수교사가 된 이유, 아이들 때문인가?
다른 어떤 것 때문인가?

선생님을
따라오세요

선생님이 학생에게

　난 잠시 눈을 붙인 줄만 알았는데 벌써 늙어 있었고
　넌 항상 어린아이일 줄만 알았는데 벌써 어른이 다 되
었고
　난 삶에 대해 아직도 잘 모르기에 너에게 해 줄 말이 없
지만
　네가 좀 더 행복해지기를 원하는 마음에 내 가슴속을
뒤져 할 말을 찾지

　공부해라 아냐 그건 너무 교과서야
　성실해라 나도 그러지 못했잖아
　사랑해라 아냐 그건 너무 어려워
　너의 삶을 살아라

_양희은, 〈엄마가 딸에게〉

가수 양희은 씨의 〈엄마가 딸에게〉라는 노래를 들어 보면 부모이면서 교사로서 큰 반성을 하게 된다. 학생들에게 이렇게 해라 저렇게 해라 가르치고 있는 나는 과연 그런 삶을 살고 있는가.

노래의 가사처럼 학생들에게 가르치는 내용들이 너무 교과서적이고, 나도 그러지 못했고, 너무 어렵더라도 교사로서 가르쳐야 할 의무가 있기 때문에 많은 것을 가르치고 지시한다. 하지만 교사인 나도 그렇게 살고 있지 못하면서 책임과 의무감에 무엇인가를 가르칠 때 내 스스로 위선적이라는 생각들을 한다. 그래서 학교가 아닌 일상생활에서도 가장 기본적인 도덕부터 규칙과 질서를 지키려고 노력한다.

그러면서 교사로서 나의 뒷모습을 생각하게 되었다.

나의 뒷모습을 보고 따라오는 아이들 눈에 나의 뒷모습은 어떻게 비칠까. 부끄럽기도 하고 두렵기도 했다. 왜냐하면 학생들 앞에서는 도덕적이고, 지혜로우며, 이타인적인 사람처럼 꾸밀 수도 있고 말할 수 있다. 가르치는 대로 살고 있지 않으면서 그런 척할 수 있지만 뒷모습은 그렇지 않기 때문이다. 있는 그대로 보일 수밖에 없다. 어느 순간 우리 학생들에게 내 뒤를 따라오라고 자신 있게 말할 수 있는가를 스스로 묻기 시작했다.

특수교사의 뒷모습

일반 학생들에게는 교사가 뒷모습을 보일 일이 많지 않다. 일반적으로 교사는 학생들이 자기주도적으로 공부하고, 문제를 해결하며 인생을 설계하도록 돕는 조력자의 역할들을 하기 때문이다. 그래서 교사는 앞에 나서서 학생들을 이끌기보다 옆에서 함께 걸어 주거나, 뒤에서 돕고 밀어 주는 역할을 한다.

그러나 장애 학생들의 경우는 다르다. 특수교사가 앞에 나와 시범을 보여 주면 학생들이 모방하는 방식의 교육을 많이 한다. 아니, 그렇게 할 수밖에 없다. 장애 학생들은 스스로 배우고, 수정하고, 일반화하는 능력이 부족하기 때문에 특수교사의 역할이 매우 중요하다. 배워야 할 것을 특수교사가 직접 보여 주면 학생들은 그것을 보고 모방한다. 그렇게 배운 것들은 특수교사가 적극적으로 개입하고, 수정해 주어야 바르게 일반화가 될 수 있다. 그래서 특수교사는 학생들과 마주 보고 가르치기도 하지만 학생들 앞에 나서서 이끌기도 한다.

현장체험학습을 나가더라도 일반 학생들과 장애 학생들은 차이가 있다. 일반 학생들의 경우 시간 계획을 안내하면 학생들 스스로 그 계획에 맞춰 일정에 참여할 수 있다. 그러나 장애 학생들은 체험학습을 하는 매 순간 특수교사가 앞에 나서서 학생들을 이끌어야 하며, 모든 활동에 동행해 주어야 계획된 체험학습에 참여할 수 있다. 그렇기 때문에 특수교사는 학생들 뒤에서 관찰하고 간접적으로 돕기보다 앞에서 이끌고 적극적으로 개입한다.

이런 모습은 학교 안에서도 똑같다. 특수교사는 앞에서 학생들을 이끌고, 학생들은 그런 교사의 뒷모습을 보고 따라간다. 그럴 때마다 특수교사의 뒷모습, 나의 뒷모습에 대해 많은 생각을 하게 된다.

'과연 특수교사인 나의 뒷모습, 학생들에게는 어떻게 보일까.'

'학생들에게 나의 뒷모습을 보고 따라오라고 할 만큼 부끄럽지 않은 삶을 살고 있는가.'

그런 생각을 가지고 특수교사의 모습을 그려 본다.

'뒷모습이 당당한 선생님이 되자.'

'내가 가르치는 모든 것을 행할 수는 없더라도 최소한 위선적인 선생님은 되지 말자.'

그래야만 나를 따르는 학생들에게 보일 뒷모습이 부끄럽지 않기 때문이다.

#특수교사의 질문!
나는 뒷모습이 당당한 특수교사인가?
나를 따라오라고 자신 있게 말할 수 있는가?

내가
좋은 교사인가 아닌가의
기준

열심히 하는 교사는 승진 준비하는 교사?

여러 학교와 기관으로 강의를 다니다 보면 학생들과 학부모, 많은 선생님들을 만난다. 집단상담 활동으로 만나게 된 학생들부터 진로 진학상담으로 만나게 된 학부모, 수업과 교육과정, 자유학기제 등을 주제로 만나게 된 선생님들까지 다양한 분들을 만나면서 듣는 것도 많고 배우는 것도 많다. 그래서 강의를 할 때마다 설레고 서로 더욱 발전하여 만나 보기를 기대한다.

그런데 강의를 의뢰받았을 때 가장 고민되고 걱정될 때가 있다. 같은 특수교사를 대상으로 강의를 해야 할 때이다. 이제 막 입문한 1년 차 후배 교사부터 정년이 얼마 남지 않으신 선배 교사까지 강의의 주제와 내용은 다르지만 배움에 대한 열정은 누구에게 뒤지지 않는 분들이다. 그런 분들 앞에서 강의를 한다는 것은 무척 부담스러운 일이다. 특수교사로서 같은 분야의 전문가이며 누구보다 현장에 대한 환경과 사정을 잘 알고 있는 분들이기 때문에 한마디를 하더라도 실수를 하지 않기 위해 많은 신경을 쓴다. 그래서 교사를 대상으로 강의를 준비할 때는 평소 강의를 준비할 때보다 몇 배 더 많은 시간과 공을 들인다.

한번은 강의를 하면서 이런 질문을 받은 적이 있다.

"선생님은 젊은 나이에도 되게 열심히 하는 것 같네요. 벌써부터 승진 준비하시는 건가요?"

교사로서 매우 기분 나쁜 질문이다. '이른 나이부터 열심히 하는 모습이 좋게 보인다'고 최대한 긍정적으로 해석해도 기분 나쁜 말이다. 물론 승진이라는 목표가 있어 그것을 위해 열심히 하는 경우도 있다. 그러나 자발적으로 공부나 연구를 열심히 하는 것과 승진이 무슨 관련성이 있단 말인가. 반대로 해석해 보아도 기분 나쁜 말이다. 승진하기 위해서는 열심히 해야 하고, 승진할 생각이 없으면 열심히 하지 않아도 된다는 말인가.

이런 경우도 있었다. 학교에서 교육과정을 연구하는 교사 동아리를 만들어 보고자 동료 선생님에게 같이해 볼 생각이 있는지 물었다. 그런데 돌아오는 말이 황당했다.

"선생님, 저는 승진 생각이 없어요."

임용고시에 합격한 지 몇 년 되지도 않은 선생님의 말이다.

교사가 자발적으로 공부하고, 연구하고, 사업을 추진하는 것이 개인의 승진 목표와 어떻게 동일하게 해석되고 받아들여질 수 있는가.

공부하세요

필자가 공부하고, 연구하고 도전하는 이유는 간단하다.

첫 번째는 특수교사로 지치지 않기 위해서다. 앞서 말했듯이 특수교사는 수업 중 학생들에게 받는 피드백이 많지 않고, 당연히 역동성도 적을 수밖에 없다. 그래서 자신만의 어떤 방법으로 내적 에너지를 채우지 않으면 금방 지치고 무력해질 수밖에 없다. 그리고 그로 인한 피해는 오롯이 우리 학생들이 감당해야 한다.

다시 말해 교사가 즐겁고, 에너지가 넘치면 학생들도 그 에너지를 그대로 받게 된다. 그러나 교사가 침울하고, 무기력하면 마찬가지로 부정적인 에너지를 학생들이 그대로 받게 된다. 그래서 그 문제를 해결하기 위해 나름의 방법으로 학생에 대한 이해와 수업에 관심을 가지고 공부하고 연구했다. 그리고 그것들을 수업과 생활지도에 적용하면서 재미와 보람을 느꼈다. 이러한 과정은 해를 거듭하면서 이론으로 무장하고 경험으로 다듬어지며, 실력으로 쌓이게 되었다. 그렇게 교육 경력이 늘어나면서 어느 순간 그 분야에 더 큰 강점을 가지게 된 특수교사가 되었다(이에 대한 이야기는 2장에서 자세하게 다루어 보겠다).

결국 특수교사가 공부하고, 연구하는 이유는 승진이 목적이 아니라 교사인 내가 행복하기 위해서다. 그래야만 내가 만나게 되는 학생들도 행복해질 수 있기 때문이다.

두 번째 이유는 '좋은 교사'가 되기 위해서다. 표현은 간단하지만 결코 쉬운 답은 아니다. '좋은 교사'가 어떤 교사인지 말하기는 굉장히 어렵다. 그것을 정의하는 것 자체가 어려울뿐더러 정의했다 하더라도 몇십 년을 교직에서 생활을 하는데 매 순간 거기에 부합하는 삶을 살았다고 자신 있게 말하기는 더욱 어렵기 때문이다. 그래서 교직생활 전체를 두고 말하기보다 현재에 기준을 두고 '좋은 교사'가 어떤 교사인지 나름의 판단 기준을 세워 보았다.

나는 좋은 교사인가 그렇지 않은 교사인가의 기준
① (자녀가 있다면) 내 자식이 나와 같은 선생님을 만났으면 좋겠는가, 그렇지 않은가.
② (자녀가 없다면) 내 동생이 나와 같은 선생님을 만났으면 좋겠는가, 그렇지 않은가.
③ (그마저도 없다면) 내가 학생이라면 나 같은 선생님을 만났으면 좋겠는가, 그렇지 않은가.

만약 '그렇다'고 한다면 훌륭한 교사는 아닐지 몰라도 아이들에게는 '좋은 교사'다.

만약 '그렇다'고 한다면 천재적인 교사는 아닐지 몰라도 아이들에게는 '좋은 교사'다.

만약 '그렇다'고 한다면 업무능력이 뛰어난 교사는 아닐지 몰라도 아이들에게는 '좋은 교사'다.

만약 '그렇다'고 한다면 승진을 앞두고 있는 교사는 아닐지 몰라도 아이들에게는 '좋은 교사'다.

위의 기준에 대해 그런 것 같기도 하고, 아닌 것 같기도 하면 충분히 좋은 교사가 될 자질이 있으며, 좋은 교사가 되어 가는 과정이기 때문에 분명 가까운 시일 안에 '좋은 교사'가 될 것이다. 그러나 여기에 대해 부정적인 대답이 나온다면(다른 사람에게는 그렇다고 말하겠지만 본인은 자신의 진짜 대답을 알고 있을 것이다) 특수교사로서, 교사로서 반성해야 한다. 그리고 학생들에게 미안한 마음을 가져야 한다. 승진과 상관없이 교사로서 공부하고, 연구하고 도전하면서 학생들에게 최상의 교육 서비스를 제공했어야 함에도 불구하고 그렇게 하지 못했던 것을. 그리고 지금부터라도 '좋은 교사'가 되기 위해 성공과 실패를 논하지 말고 먼저 공부하고, 연구하는 특수교사가 되길 바란다.

그것이 곧 우리가 만날 학생들에 대한 예의이며 우리의 행복이고, 특수교육의 발전이다.

#특수교사의 질문!
내 자식이 나와 같은 선생님을 만났으면
좋겠는가, 그렇지 않은가.

하늘을
볼 수 있는 여유
그리고…

군자삼락

교사는 매력적인 직업이다. 인간에 대한 전체적인 이해를 바탕으로 그들을 가르치고, 그 가르침 속에서 변화되는 모습을 목격할 수 있다. 그 즐거움이 얼마나 컸으면 맹자는 군자의 세 가지 즐거움에 '가르침의 즐거움'을 담고 있다. 맹자가 말한 군자삼락(君子三樂)에서의 세 가지 즐거움은 다음과 같다.

어버이께서 다 살아 계시고 형제들이 무고한 것이 첫째 즐거움이요,
父母俱存 兄弟無故 一樂也(부모구존 형제무고 일락야)
하늘을 우러러 부끄럽지 않고 사람들을 굽어봐서 부끄럽지 않은 것이 둘째 즐거움이요,
仰不愧於天 俯不作於人 二樂也(앙불괴어천 부부작어인 이락야)
천하의 영재英才들을 얻어서 가르치는 것이 셋째 즐거움

이다.

得天下英才 而教育之 三樂也(득천하영재 이교육지 삼락야)

맹자는 군자의 세 가지 즐거움 중 그 세 번째를 영재들을 얻어서 가르치는 것이라고 했다. 그만큼 가르침의 즐거움이 세상의 부귀영화를 얻는 즐거움보다 크다는 것을 말하고 있다.

우리나라 특수교육에서는 영재교육을 하지 않는다. 특수교육은 장애 학생들을 대상으로 교육활동을 하고 있으며, 특수교사는 당연히 영재 학생을 가르치기보다(영재교육에서 강사활동을 하는 특수교사도 있다) 주로 장애 학생을 가르치게 된다. 그래서인지 특수교육을 전공하고 특수교사로 장애 학생들을 가르치고 있다고 하면 주변에서 이런 말을 한다.

'정말 좋은 일을 하고 계시네요.'
'장애 애들이 많이 힘들지요?'
'힘드시겠어요. 그래도 힘내세요.'
'특수교사분들은 모두 착하시고 천사들 같아요.'

이런 말을 들을 때마다 너무 부끄럽다. 나는 특수교사지만 그렇게 착하지도 않고, 천사는 더욱 아니다. 그리고 특수교육을 하는 특수교사만 좋은 일을 하고 있는 게 아니고 교육을 하고 있는 모든 선생님들이 좋은 일을 하고 있는 것이다. 특히 특수교육 자체가 힘든 것은 아니다. 사실 요즈음 교사들에게 학생들을 가르치는 것이 편하냐고 물었을 때 '그렇다'라고 말하는 교사가 몇이나 있을까. 결국 장애 학생들을 가르치고 있는 특수교사라서 특별히 더 힘든 것이 아니라, 지금 시대에 교사로 사는 것이 힘든 것이다.

한편으로 그런 생각을 해 본다. 힘들다는 것의 기준은 뭘까. 일반적으로 힘들다고 여겨지는 일이면 모두에게 힘든 일이 되는 것인가. '힘들다', '그렇지 않다'의 기준은 지극히 개인적인 영역이다. 예를 들어 장애 학생들을 만나고 가르치는 특수교육이 누구에게는 너무 힘든 일이 될 수 있지만, 누구에게는 다른 어떤 일보다 편하고 재미있는 일이 될 수 있다. 그런 사람에게 매번 '힘들고 어려운 일을 하느라 고생이 많다, 이타적인 사람이다, 존경한다'고 하면 그 말을 듣는 당사자는 어떻게 말해야 할까. 힘들지 않은데 힘든 척해야 하나? 난감한 상황이 아닐 수 없다.

특수교육을 하고 있는 특수교사로서 말하고 싶다.

"특수교육이라고 무조건 힘든 것은 아닙니다. 개인에 따라 힘듦의 차이는 있을 수 있겠지만 절대적 힘듦은 아닙니다.

특수교육이라고 가르침의 기쁨과 즐거움이 없는 것은 아닙니다. 영재교육이나 일반 교육에서 얻을 수 있는 성취와 결과가 동일하다고 말할 수는 없으나, 분명한 것은 특수교육이라고 해서 가르침을 통한 기쁨과 즐거움이 전혀 없는 것은 아니며 부족하지도 않다는 것입니다. 오히려 다른 교육보다 얻는 기쁨과 즐거움, 보람이 훨씬 클 수 있습니다."

특수교사 되길 잘했다

통계자료를 보면 특수교사들은 대체적으로 직업에 대한 만족도가 높게 나타났다. 그중에서도 근무환경에 대한 만족도가 높게 나타났는데, 여기에서의 근무환경은 해당 직업의 업무환경이 쾌적하고 시간적 여유가 있다고 생각하는 정도를 말한다.[2] 이 부분에서 많은 공감이 되었다. 단순히 시간이 많고, 한가하다는 의미의 쾌적함보다는 다른 교육에 비해 입시에 대한 스트레스는 적기 때문에 학생들에게 오롯이 집중할 수 있는 쾌적함이라는 말이 적절할 것이다. 그런 면에서 특수교사가 되고 나서 좋았던 점을 말해 보라고 한다면 크게 두 가지로 말할 수 있다.

하늘을 볼 수 있는 여유!

'나는 어떤 교사가 되어야 하는가'라는 질문에 교사마다 대답이 다를 것이다. 그것은 교사가 생각하는 교사의 자질과 모습이 다르기 때문이다. 우리는 그것을 교사관이라고 말한다. 그리고 그 교사관에 따라 학생들을 대하는 것, 수업하는 것, 생활지도를 하는 것, 즉 교사로서의 삶이 달라진다. 그만큼 교사관을 세운다는 것은 교사에게 매우 중요한 일이다.

아이들의 감성을 일깨워 주고 싶었다. 아이들이 장애를

---

2. 김한진·김진관(2016), 「누가 직업에 만족하는가-2016 직업만족도 분석」, 한국고용정보원.

가지고 있지만 내가 가지고 있고 모두가 가지고 있는 여러 가지 감정들을 우리 아이들도 가지고 있다는 것을 가르쳐 주고 싶었다. 장애를 가진 것도 안타까운 일인데 인간으로서 모두가 느끼는 것을 장애로 인해 느끼지 못한다면 그것만큼 안타깝고 슬픈 일은 없을 것이라고 생각했다.

내가 느끼는 기쁘고 즐겁고 슬프고 화나고 우울한 감정 등을 우리 아이들도 느낄 수 있게 해 주고 싶었다. 그래서 나는 교사로서 가장 경계하는 것이 감성이 메마르는 것이다. 교사의 감성은 메말라 있는데 우리 아이들에게 감성을 느끼게 한다는 것은 모순적인 말이기 때문이다. 교사의 감성이 살아 있어야 수업 속에서 그 감성이 아이들에게 그대로 전달될 수 있다. 그렇지 않고 아이들의 감성을 일깨운다는 것은 그리 쉬운 일이 아니다. 그래서 시간 나는 대로 의도적으로 영화를 보거나 잔잔한 음악을 찾아 들으면서 다양한 감성들이 살아 있도록 노력했다.

_2015년 수업일기 중에서

그렇다. 교사에게 있어 가장 먼저 필요한 것은 감성이라고 생각한다. 그중에서도 '공감'을 가장 중요하게 생각한다.

4차 산업혁명으로 여러 직업들이 사라질 것이라 전망하고 있다. 그러나 교사는 그 전망에 포함되지 않을 것이라 생각한다. 왜냐하면 교사와 학생은 상호작용을 해야 하며 거기에 큰 영향을 미치는 것이 감성이기 때문이다. 그런데 '감성'이라는 것은 프로그래밍한다고 되는 것이 아니다. AI가 어떤 상황에 대해 어떻게 반응해야 하는지 반응 양식을 학습할 수는 있겠지만 그것을 보고 AI가 감성을 지니고 있다, 공감하고 있다고 말하기는 어려울 것이다. 그래서 교사는 다른 어떤 기술이나 시스템으로 대체하기 어렵다.

반대로, 교사에게 '감성'이 없다면 어떻게 될까. 그것은 곧 학생들과 상호작용할 수 없는, 학생들을 공감해 줄 수 없는 AI와 다르지 않다는 말로 이해할 수 있다. 과연 그런 사람을 교사라, 선생님이라 말할 수 있을까. 그런 선생님이 학생들에게 필요할까.

그래서 필자는 교사에게 가장 먼저 필요한 것은 감성이라고 말한다. 그리고 교사로서 감성이 메마르는 것을 가장 경계하고 있으며, 장애 학생들과 생활하면서 '감성'이 마르지 않기 위해 나름대로의 노력들을 한다. 하늘(자연)을 보고 느끼며, 학생들에게 그것들을 말해 주고 생각을 물어본다. 그리고 그런 여유가 있다는 것에 매우 감사한다.

감사하는 삶의 실천

특수교사로서 장애 학생을 가르치면서 감사함을 많이 배운다고 말하면 주변에서는 이렇게 말한다.

'장애가 없는 것에 감사해야지요.'
'내 아이가 장애가 없다는 것에 감사해야지요.'
'건강한 것만으로도 감사해야지요.'

사실 장애가 있고 없고의 문제로 감사함을 따지는 것은 특수교사로 옳지 않다고 생각한다. 왜냐하면 장애가 없다는 것이 물론 감사할 일이지만, 장애가 있다고 해서 감사하지 못할 것은 아니기 때문이다.

몇 년 전에 여수에 있는 사회적 기업 개업식에 참석할 기회가 있었다. 그때 지체장애인이었던 그 기업 대표의 인사말을 들을 수 있는 기회가 있었는데 참으로 인상 깊었다.

> "어떤 기회로 장애를 만나게 되었고, 장애인이 되었지만
> 저는 장애를 만나게 되어 그전에는 얻을 수 없었던, 가장
> 값진 것들을 아주 많이 얻게 되었습니다. 바로 함께 일하
> 는 우리 식구들입니다."

장애는 처음부터 정해져서 생긴 것이 아니다. 죽음과 마찬가지로 절대 죽지 않을 거라 장담할 수 있는 사람 없고, 절대 장애인이 되지 않을 것이라 장담할 수 있는 사람도 없을 것이다. 장애는 인생을 살면서 누구라도 만날 수 있고, 누구라도 장애인이 될 수 있는 것이다. 그렇기 때문에 장애가 없다고 해서 감사하고, 장애가 있다고 해서 감사하지 못할 것이라는 생각은 편견에 불과하다.

그런 면에서 볼 때 장애 학생들이 가지고 있는 장애의 유무에서 비롯된 감사함이 아닌, 장애 학생들이 삶을 대하는 태도에서 감사함을 배우게 된다.

장애 학생들을 만나다 보면 여러 가지 정서적인 문제, 행동적인

문제들을 많이 보게 된다. 일반적으로 생각하기에 특수교사가 인지적 문제가 있는 학생들을 가르쳐야 하기 때문에 힘들 것이라고 생각하지만, 사실 그것은 큰 어려움이 아니다. 삶을 살아가면서 지식이라는 것은 최소한이며 어떤 것을 잘하지 못한다고 하더라도 누군가의 도움만 있으면 사회의 한 구성원으로 살아가는 데 큰 지장은 없다. 그러나 정서적, 행동적 문제는 사회적으로 통합되어 살아가는 데 많은 지장을 준다. 그래서 특수교사가 가장 어려워하는 학생은 정서적, 행동적 문제를 가지고 있는 학생들이다. 그런데 이런 장애 학생들에게까지 배울 것이 있다. 그것은 작은 것에 감사할 줄 아는 삶을 실천하고 있다는 것이다.

필자가 가르친 장애 학생들, 옆에서 봐 온 장애 학생들은 아주 작은 것에도 감사한다. 어떤 이유에서 예민해지고, 공격적인 행동이 나오다가도 특수교사가 그 마음을 조금만 알아주면 세상을 다 얻은 듯한 미소를 보이고, 세상 어느 곳에도 존재하지 않을 것 같은 순한 양으로 변한다.

굉장히 딱딱하고, 힘든 수업을 마치고 지친 모습이 역력하다가도 특수교사가 조금만 간식 하나 챙겨 주면 언제 그랬느냐는 듯 에너지가 넘치게 된다.

수업이 지루할 때도 있다. 내용이 재미없을 수도 있고, 교사가 설계한 활동이 역동적이지 못해 처질 수도 있다. 그러다가도 교사가 재미있는 표정을 짓거나, 실수로 연필을 떨어뜨린 모습을 보이면 그 어떤 개그 프로보다 더 재미있게 웃어 준다. 참으로 의리 있는 학생들이 아닐 수 없다.

이런 모습들을 보면 장애 학생들은 작은 것에 감사하는 능력을 모두 가지고 태어나는 것 같다. 또 그것을 꾸밈없이 실천하면서 살아가는 것 같다. 그래서 학생들의 본성이 성선이냐, 성악이냐고 물었을 때 한순간의 망설임도 없이 성선이라고 말한다.

특수교사는 이런 학생들과 매일 호흡한다. 그러면서 감사함에 대해 생각하게 되고 특수교사로 얻게 되는 소소한 것들에 감사하며 특수교사 되길 잘했다는 생각을 매 순간 하게 된다.

장애 학생들로부터 배우게 된 감사하는 삶. 그것이 특수교사가 되고 나서 알게 된 특수교사의 좋은 점이다.

#특수교사의 질문!
특수교사가 되고 좋은 점은 무엇인가요?

2.

특수교사, 전문성에 대하여

學而不思則罔, 思而不學則殆
(학이불사즉망, 사이불학즉태)
배우기만 하고 생각하지 않으면 얻는 것이 없고,
생각하기만 하고 배우지 않으면 위태롭다.
_『논어』 위정편

특수교사가
되었다는 것

성실함과 인내

특수교사가 되기를 꿈꾸는 학생들이나, 특수교사가 되기 위해 학부 과정에서 열심히 공부하는 학생들은 현직에서 장애 학생들을 가르치고 있는 특수교사가 무척 부러울 것이다. 대단해 보이기도 하고 존경스럽기도 할 것이다. 그러면서 한편으로는 '내 선택이 잘한 선택일까?', '적성에는 잘 맞을까?' 하는 진로에 대한 걱정에서부터 '임용고시에 합격할 수 있을까?', '특수교사로서 잘할 수 있을까?' 하는 안정성과 능력에 대한 불안함 또한 있을 것이다.

그래서 예비교사라는 사회적으로 어느 정도 인정받는 좋은 타이틀을 가지고 학부 시절을 보내면서도 내적으로는 장래에 대한 불안함과 걱정으로 대학 4년을 보낸다. 그렇게 학부를 졸업하고 거의 대부분은 특수교육에 종사하면서 장애 학생들을 가르치는 특수교사가 되지만, 때로는 다른 진로를 선택하는 학생들도 있다. 어쨌든 특수교육을 전공한 경우 대부분은 특수교육을 실천하는 특수교사로 특수학교나 특수학급 또는 특수교육지원센터에서 특수교사로서의 삶을 시작한다.

신규 특수교사로 일을 시작하면 많은 어려움을 느낀다. 가장 큰 어려움은 학부 시절에 배운 내용이 특수교사의 전부가 아닌 일부분이라는 것을 첫날 출근하자마자 알게 되는 순간이다. 그러면서 장애 학생들에 대한 태도와 수업, 교육과정, 문제행동 지도, 교사로서의 업무, 행정업무 등 다양한 분야의 업무를 특수교사 스스로 해결해야 한다는 것을 깨닫게 된다.

시간이 지나서 생각해 보면 그때 느꼈던 걱정과 고민들은 시간이 흐르면서 일을 배우다 보면 자연스럽게 알게 되는 것이고, 해결되는 문제들이지만 그 당시에는 그 문제들을 얼마나 크게 느껴졌는지 모른다. 그러면서 나는 모든 부분에서 허우적대고 있는 반면 모든 일을 능숙하게 처리해 나가는 선배 특수교사들을 보면서 스스로 패배의식에 사로잡히기도 했다. 그런 감정소비를 할 필요가 없었는데 말이다. 그래서 앞으로 특수교육 현장에서 특수교사로서의 삶을 시작할 예비 특수교사나 이제 막 시작한 신규 교사 그리고 자신의 능력에 대한 의심과 무력함에 사로잡혀 있는 교사가 있다면 말해 주고 싶다. 조급하게 무엇인가를 당장 완성시키려 하기보다 시간의 흐름 속에서 주어진 일을 하나씩 제대로 배워 가는 성실함과 인내를 갖길 바란다고.

어느 날 큰 전쟁에서 승리한 왕은 승리의 기쁨을 오랫동안 기억할 수 있도록 반지를 만들기로 했다. 왕은 보석 세공인을 불러들인 후 다음과 같은 명령을 내렸다.

"반지를 만들되 거기에 내가 큰 승리를 거두어 기쁨을 억제하지 못할 때 그것을 조절할 수 있는 글귀를 새겨 넣어라. 동시에 내가 어떤 절망에 빠져 있을 때는 그 글귀를 보고 용기를 낼 수 있어야 한다."

보석 세공인은 왕의 명령대로 매우 아름다운 반지를 만들었다. 그런데 아무리 생각해도 반지에 넣을 적당한 글귀는 좀처럼 생각나지 않았다. 그는 여러 날을 고민하다가 지혜롭기로 소문난 왕의 아들이자 그 나라의 왕자를 찾아갔다. 보석 세공인의 설명을 들은 왕자는 이렇게 대답했다.

"반지에 이렇게 적으시오. 이 또한 곧 지나가리라!"

살다 보면 무엇인가 잘 풀릴 때와 그렇지 못한 때가 있다. 그런데 그것이 영원한 것이 아니다. 그것은 순간에 불과하다. 이 시간들이 지나면 어느 순간 어려울 것 같고 해내지 못할 것 같았던 일들이 하나하나 해결되어 있고, 거기에 익숙해져 있는 자신의 모습을 발견할 수 있을 것이다. 그렇기 때문에 지금 당장 선배 특수교사처럼 능숙하지 못하다고 비교할 필요도 없고, 어떤 업무에 대해 부담감과 버거움을 느낀다고 패배감을 가질 필요도 없다. 넓은 시야로 멀리 보되 지금 주어진 일에 대해 정확히 알기 위해서 배우고 실천하며, 성실하게 특수교사로서의 경력을 쌓아 가는 것이 중요하다.

선배 특수교사가 중요하다

그렇지만 경력이 쌓인다고 모든 일을 다 잘할 수는 없다. 특수교사로 어느 정도의 경력이 쌓이면 기본적인 일은 배울 수 있다. 예를 들어 개별화 교육 계획을 수립하는 것이나 학급운영, 생활지도, 문제행동 지도, 행정업무 등에서 기본적인 것은 해낼 수 있다. 그것은 특수교육을 전공했고, 교사로서의 기본적인 역량만 있으면 누구나 해낼 수 있는 것이다. 중요한 것은 제대로 그것들을 하고 있느냐다.

가령, 교과 교육과정 운영기록부를 작성하는 일에 대해 해당 업무 담당 부장이 지시해서 마지못해 하는 것과 누가 시키지 않았더라도 필요에 의해서 기본적인 연구를 하고 그것에 대한 깊은 고민 후에 작성하는 결과물은 누가 보더라도 다를 것이다. 주어진 양식에 따라 작성하면 겉으로는 비슷한 형식을 띠고 있을지 몰라도, 그것이 담고 있는 내용과 가치는 큰 차이를 나타낼 것이다. 따라서 어떤 일을 하더라도 제대로 하려면 특수교사로서 최소한 그 영역에 고민과 연구, 실천이 있어야 한다.

그래서 선배 특수교사의 역할이 중요하다. 특히 신규, 저경력 특수교사들은 선배 특수교사의 모습을 보고 자신이 만들어 가야 할 특수교사의 모습을 그린다. 가까이 지낸 선배 특수교사가 함께 배우고 연구하는 특수교사라면 후배 특수교사는 자연스럽게 그런 문화를 학습하게 된다. 반대로 자신의 편의와 자기중심적 삶을 추구하는 선배 특수교사라면 후배 특수교사 또한 그 영향을 받게 된다. 따라서 자신이 선배 특수교사의 위치에 있다면 단순히 '나'만을 생각할 것

이 아니라 후배 특수교사가 자신을 어떻게 바라보고 있을지에 대해 한번은 돌아봐야 할 것이다. 왜냐하면,

"당신을 바라보고 있는 후배 특수교사가 당신을 특수교사의 롤 모델로 삼을 것이기 때문이다."

무서운 말이 아닐 수 없다. 혹시라도 '나 한 사람이 열심히 한다고 해서 특수교육이 얼마나 발전하겠어?' 또는 '나 한 사람이 좀 편하게 산다고 특수교육이 얼마나 피해를 보겠어?' 하는 생각이 있다면 이 모든 생각들은 과감하게 버리기 바란다. 특수교사 한 사람의 힘겨운 발걸음이, 다음 후배 교사들이 용기를 얻어 걸어갈 수 있는 이정표가 될 수 있고, 특수교사 한 사람이 버린 열정이 특수교육의 존립을 위협할 수 있다. 너무 과한 표현이라고 생각할지도 모르겠으나 그만큼 특수교사 한 사람의 존재는 개인이 생각하는 것 이상으로 훨씬 큰 영향력이 있다. 그래서 앞으로 선배 특수교사가 될 위치에 있는 특수교사라면 나의 모습을 보고 후배교사가 '제대로 된' 특수교사의 모습을 그릴 수 있도록 나 자신부터 '제대로 된' 특수교사의 모습을 정립하고 그것을 관철하기 위해 지금부터 고민하고 노력하길 바란다.

선배에게 물어봐

학부 과정을 졸업을 하게 되면 특수교사 2급 정교사 자격증을 갖게 된다. 그리고 교육 경력 3년 이상이 되면 1급 정교사 자격연수를

받을 수 있고, 1급 정교사 연수를 이수하게 되면 1급 정교사로 승급을 하게 된다. 따라서 1급 정교사가 된 이후부터는 더 이상 올라갈 급수가 없게 된다. 그러면 나는 과연 1급 정교사라고 말할 수 있을 만큼의 수준에 올라와 있을까? 교사가 알고 있어야 하고, 할 수 있어야 하는 분야가 너무나 방대하고 많다. 그래서 모든 것을 완벽하게 해낼 수 있는 교사는 없다고 말해도 과언이 아닐 것이다. 그렇기 때문에 한편으로는 교육 경력에서 오는 경험과 노하우가 중요하다고 말한다. 수업뿐 아니라 학생관리, 학교 업무, 교직 생활 전반에서 교육 경력의 차이는 업무와 운영, 교육 활동 전반에서 안정성 이상의 의미를 갖는다고 말할 수 있다. 그렇다고 교육 경력과 교사의 능력이 절대적으로 정비례하지는 않는다. 교육 경력이 높다고 모든 교사가 능력이 뛰어나다고 말할 수 없다는 것이다.

교육 경력이 쌓이는 만큼 교사 또한 경험하고, 배워야 그것이 노하우가 되고 실력이 된다.

특히, 교사는 1급 정교사에 어울리는 역량을 갖추기 위해 어떤 일이든 도전할 수 있어야 한다. 무엇보다 '1급 정교사'라는 타이틀이 주는 무게감과 책임감을 스스로 느낄 수 있어야 한다. 왜냐하면 2급 정교사일 때는 교육 경력도 짧고, 배워 가는 과정이기 때문에 질문하거나 실수하더라도 그것은 전혀 문제가 되지 않는다. 그러나 1급 정교사가 된 이후에는 맡은 업무에 대해 질문하기 어려울 수 있고, 실수를 하는 것이 두려워질 수 있기 때문이다. 물론 맡은 업무에 대해 모르면서 아는 척하고 질문하지 않는 것보다 물어보고 질문하면서 실수를 하지 않는 것이 훨씬 지혜로운 일이다.

따라서 2급 정교사일 때 힘들고 어려울 수 있지만 자신의 경험과 배움을 넓혀 줄 수 있는 업무들을 한 번씩 경험해 보고 1급 정교사 자격을 받는 것이 좋다. 그런 면에서 볼 때 기회가 된다면 1급 정교사 자격을 받기 전에 아래의 업무들을 꼭 한 번씩 해 보길 권한다.

교육과정 관련 업무

교육과정 운영에 대해서는 학부 과정에서 해당 과목을 배우고, 임용고시를 준비하는 과정에서 충분히 공부하기 때문에 전혀 어려울 것이 없다고 생각할 수도 있다. 그러나 학교현장에 가 보면 선생님이 기피하는 업무 중 하나가 교육과정 관련 업무다. 왜냐하면 학부 과정에서 배운 것과 학교현장에서 실제 적용할 때의 차이가 크기 때문이다. 학부 때는 총론에서 제시한 교육과정 편성·운영에 대해서만 알고 있으면 되지만 현장에서는 실제 교육과정을 운영할 시간표까지 만들어야 한다.

기본교육과정의 중학교 교육과정을 예로 들어 보면 편제를 선택하는 것에서부터 시간 배당 기준에 따라 3년 동안 이수해야 할 전체 시수, 학년군별 시수, 과목별 시수, 창의적 체험활동 시수 등을 편성할 수 있어야 한다. 그리고 이 시수들이 확정이 되면 시간표를 편성할 수 있다. 시간표를 편성할 때도 교사 수에 따라 최대한 비슷한 수업 시간을 배분해 주어야 하며(교과 담임제의 경우 일정 부분 차이가 생길 수밖에 없다) 교사별로 시간표가 겹치지 않아야 한다. 또한 교사에 따라 블록타임을 선호하거나 업무에 따라 어떤 요일은 수업을 최소화해야 하는 상황들이 발생하기 때문에 여러 상황들을 전체적으로 고려하여 시간표를 편성해야 한다.

이와 같은 업무를 신학기 시작 전인 2월(빠른 경우 이전 학년도 겨울방학)부터 개학 전까지 마무리해야 한다. 학기가 시작하고 나서는 불시에 생길 수 있는 결강에 대한 보강을 편성해야 하며 과목별 이수 시간과 전체 이수 시간이 계획에 따라 운영되고 있는지 전체적으로 관리해야 한다. 따라서 교육과정 관련 업무는 새 학년 초부터 학년 말까지, 정확히 말하면 다음 학년이 시작되기 전까지 끝나지 않는다.

그럼에도 불구하고 교사로서 반드시 해야 할 업무 중 하나이다. 왜냐하면 해당 업무를 해야만 우리가 머리로 알고 있는 교육과정이 현장에서 어떻게 편성되고 운영되는지 한눈에 파악할 수 있기 때문이다. 현장체험학습을 가더라도 담당 선생님이 안내해 주는 것을 무작정 따라가는 것이 아니라 이 시간이 어디에서 나왔고, 무엇을 목적으로 하는 것인지 파악할 수 있다. 또한 과목별 시수에 대한 개념과 창의적 체험활동에 대한 개념이 명확해지면서 교육과정을 목적에 맞게 충실히 운영할 수 있으며, 내가 맡은 학생에 맞춰 교육과정을 유기적으로 재구성할 수 있다. 무엇보다 학교생활기록부에 기입되는 내용이 전반적으로 교육과정과 관련된 것이기 때문에 교무·학사에 대한 기본적인 내용을 파악할 수 있는 안목이 생긴다. 따라서 교육과정 전반에 대한 이해와 자기주도적인 교육과정 운영을 위해서 해당 업무를 꼭 해 보길 권한다.

학적 관련 업무

학적 관련 업무에 대해 학교마다 차이는 있겠지만 수업일수, 학생 전·출입, 출결관리, 복학·유예·면제 처리, 정원 외 관리, 승급 및 졸업·수료 등으로 대동소이할 것이다. 사실 쉽다고 하면 쉬울 수 있고 어렵다면 어려울 수 있는 업무가 학적 관련 업무다. 왜냐하면 특수학교의 경우 일반 학교에 비해 학적 변동 사항이 많지 않기 때문에 학적 관련해서 처리해야 할 일 자체가 상대적으로 많지 않다. 그렇다고 만만하게 본다면 곤란하다. 학적 업무는 기본적으로 학교생활기록부와 관련되어 있기 때문에 교사가 임의적으로 판단해서 기입해서는 안 된다. 철저하게 관련 법과 상급기관에서 제시한 생활기록부 기재 요령에 맞게 처리해야 한다.

예를 들어 학생 한 명이 아파서 결석했다고 가정해 보자. 일반적인 생각으로 아파서 결석했기 때문에 질병결석으로 처리하면 된다고 생각할 것이다. 그러나 그렇게 간단한 일이 아니다. 2019학년도 학교생활기록부 기재 요령에 맞춰 처리한다면 질병결석이라 할지라도 '법정 감염병'인 경우에는 출석으로 인정해 준다. 따라서 질병이 감기라고 했을 때 '일반감기'였는지 '독감'이었는지가 중요하다. '일반감기'였을 경우 '질병결석'이 될 것이고 '독감'인 경우 '출석인정결석'이 될 것이다. 다른 경우도 마찬가지다. '기타 결석'의 경우에도 결석 사유가 명확하지 않은 경우에 '기타 결석'으로 처리할 것이라 생각하지만 그렇지 않다. 기타 결석에도 기준이 있고, 해당 기준을 충족시켰을 때 기타 결석으로 처리할 수 있다.

나. 다음의 경우에는 출석으로 처리한다.

1) 지진, 폭우, 폭설, 폭풍, 해일 등의 천재지변 또는 법정 감염병 등(학교 내 확산 방지를 위해 학교장이 필요하다고 인정하는 비법정 감염병을 포함)으로 출석하지 못한 경우

2) 병역관계 등 공적 의무 또는 공권력의 행사로 인하여 출석하지 못한 경우

3) 학교장의 허가를 받은 '학교·시도(교육청)·국가를 대표한 대회 및 훈련 참가, 산업체 실습과정(현장실습, 현장실습과 연계한 취업), 교환학습, 교외체험학습, 「학교보건법」 제8조에 따른 등교 중지' 등으로 출석하지 못한 경우

4) 「초·중등교육법 시행령」 제31조 제1항의 규정에 의한 학교 내의 봉사, 사회봉사, 특별교육 이수 기간

5) 「초·중등교육법」 제28조 제6항의 규정에 의한 상담, 진로 프로그램 등 숙려제 참여 인정 기간

6) 다음 경조사로 인하여 출석하지 못한 경우

구분	대상	일수
결혼	형제, 자매, 부, 모	1
입양	학생 본인	20
사망	부모, 조부모, 외조부모	5
	증조부모, 외증조부모 형제·자매 및 그의 배우자	3
	부모의 형제·자매 및 그의 배우자	1

※경조사 일수에 휴무토요일 및 공휴일은 산입하지 않으며, 연속된 결석 일수에 한해 출석으로 인정함.

7) 기타 부득이한 사유로 학교장의 허가를 받아 결석하는 경우

마. 기타 결석

1) 부모·가족 봉양, 가사 조력, 간병 등 부득이한 개인 사정에 의한 결석임을 학교장이 인정하는 경우

2) 공납금 미납을 사유로 결석한 경우

3) 기타 합당한 사유에 의한 결석임을 학교장이 인정하는 경우

이 외에도 전입·전출, 유예, 면제 처리의 경우 정해진 절차가 있으며 그 절차를 정확히 알고 거기에 맞춰 처리해야 한다. 그렇기 때문에 '학적' 관련 업무를 하면 초·중등 교육법(더해서 시행령, 시행규칙), 장애인 등에 대한 특수교육법(더해서 시행령, 시행규칙), 학교생활기록부 기재 요령과 같이 관련 교육법들과 지침들을 공부할 수 있는 기회가 생긴다. 그리고 이러한 법들을 명확히 알 경우 어떤 일을 하던지 임의적 판단과 상식 수준에서 일을 처리하는 것이 아니라 관련 법과 관련 기준에 의해 일을 처리할 수 있기 때문에 좀 더 정확하게 업무를 처리할 수 있다는 장점이 생긴다. 따라서 2급 정교사일 때 해당 업무를 맡아서 관련 지식과 실제적 경험을 쌓으며 이후에 맡게 될 업무들을 처리하는 데 많은 도움이 될 것이다.

---

3. 교육부(2019), 〈2019학년도 학교생활기록부 기재 요령(초등)〉.

#특수교사의 질문!
  나는 후배 특수교사에게
  어떤 선배 특수교사로 보여지고 싶은가?

특수교사의
전문성에 대하여

무책임은 결코 겸손이 아니다

대학교 4년 동안의 생활을 회상해 보면 학과 생활과 공부, 봉사활동, 아르바이트 외에 기억나는 것이 특별히 없다. 특히 어떤 특수교사가 되어야겠다는 교사관에 대해 진지하게 생각해 본 적은 없었기 때문에 미래의 특수교사의 삶을 생각하며 학과 공부 이외에 다른 어떤 것을 따로 배운다거나 계발하려고 노력하지는 않았다. 다만, 현재 주어진 학과 공부와 중등 임용고시에 대해 많은 압박감을 가지고 4년을 보냈다.

그렇게 대학생활을 마무리하고 바로 중등학교 교사로 임용되어 특수학교에 근무하게 되었다. 부푼 꿈과 기대를 갖고 특수교사로서의 삶을 시작했지만 첫날부터 벽에 부딪혔다. 특수학교에서 봉사활동을 하면서 만났던 학생들과 내가 담임으로 책임지게 된 학생들이 너무 다르게 느껴졌기 때문이다. 아무래도 봉사활동 때는 담임선생님께서 시킨 일만 하면 됐고, 내가 특수교사로 담임이 되었을 때는 학생들의 수준과 특성을 파악하는 것에서부터 거기에 맞게 교육계획을 수립하는 모든 것을 해야 했기 때문에 같게 느껴질 수가 없었던 것은 당연한 것일지도 모른다.

신규 특수교사로 정신없이 하루를 보내고 나서 수만 가지의 생각들이 머릿속을 가득 채웠다. 그중에 툭 튀어나오는 생각들이 몇 개 있었다.

'이 아이들에게 필요한 것은 무엇일까?'
'이 아이들에게 무엇을 가르쳐야 할까?'
'이 아이들을 어떻게 가르쳐야 할까?'
'그래서 특수교사는 무엇을 해야 할까?'

근래에 유행하는 말처럼 사용되는 단어가 있다. '전문성'이라는 말이다. 정확히 말하면 '교사의 전문성'이다. 사실 모든 교사들은 사범대학을 졸업하면 정교사 2급 자격을 받는다. 그리고 일정 수준의 교육 경력을 채우면 정교사 1급 자격연수를 받고 정교사 1급이 된다. 다시 말해 급수에 차이가 있을 뿐 사범대학을 졸업하면서 정교사 자격증을 받는 순간 우리는 특수교육 분야의 전문가가 된 것이다.

과연 그럴까?

표면적으로 보면 특수교사는 특수교육의 전문가가 맞다. 그러나 특수교육이라는 분야에서 교사가 알아야 할 것과 해야 할 것, 할 수 있어야 할 것들이 너무 많기 때문에 스스로 부족함을 많이 느끼게 된다. 필자 또한 그랬고 지금 이 책을 읽고 있는 독자도 그렇게 느낄 수 있다. 개개인마다 지도 능력의 차이, 관심 분야의 차이는 있겠지만 특수교사는 특수교육의 전문가이다.

혹시라도 내 능력이 전문가라고 말하기에 부족하다고 생각하여 '특수교사지만 특수교육의 전문가는 아니다'라고 말한다면 그것은 겸손함이 아니라 무책임한 말이다. 부모 입장에서 자기 자녀를 전문가에게 맡기고 싶지 어떤 부모가 비전문가에 자녀를 맡기고 싶어 할까.

예를 들어, 맹장 수술을 한다고 했을 때 간단한 수술이라고 해서 아무에게나 수술을 맡길 수가 있을까? 간단한 수술이든 아니든 환자는 전문가를 찾아가게 되어 있다. 그리고 의사는 전문가로서 환자를 치료하게 된다.

지금 당장 자신이 특수교육의 전문가라 말할 만큼의 역량이 되지 않는다고 생각할 수 있다. 중요한 것은 그것을 '겸손'이라는 말로 포장하고 끝낼 것이 아니라 전문가라는 말이 어울릴 수 있도록 끊임없이 배우고, 거침없이 도전하는 의지와 실천이 중요하다. 그것은 특수교사를 믿고 자녀를 맡겨 준 부모님에 대한 예의이고, 내가 맡은 우리 학생들에 대한 책임이며, 특수교사로서의 선택이 아니라 의무인 것이다.

특수교사의 전문성은 뭘까?

"특수교사의 전문성은 무엇인가요?"

누군가에게 이 질문을 받았다고 가정해 보자. 특수교사는 이 질문에 대해 어떤 답을 내놓을 수 있을까. 자립생활 능력을 향상시키는 것? 문제행동 지도를 잘하는 것? 장애 학생에게 지식을 잘 가르치는 것?

질문을 바꿔 보자.

"자립생활 능력, 문제행동 지도, 지식 전달은 특수교사만 할 수 있는 건가요?"

차라리 특수교사의 전문성이 무엇이냐고 물었을 때가 대답하기 쉬울 수도 있다. 그러나 특수교사가 하는 일을 열거해 놓고 특수교사만 할 수 있느냐고 물었을 때는 대답이 쉽게 나오기 어렵다. 왜냐하면 특수교육의 목표는 장애 학생들의 자립생활과 사회로의 완전 통합을 목표로 한다. 따라서 특수교육은 단순한 지식 전달이 아닌 자신의 삶을 살아갈 수 있는 방법을 교육한다. 곧 삶을 가르치는 것이 특수교육이다. 이 때문에 겉으로 볼 때에는 상식 수준에서 교육하고 있는 것처럼 보이고, 누구나 특수교육을 할 수 있는 것처럼 보이기도 할 것이다. 하지만 실제 특수교육을 해 본 사람이라면 알 것이다. 장애 학생을 가르치는 것, 삶을 가르치는 특수교육이 얼마나 어렵고, 힘들고, 인내가 필요한 것인지를.

이런 말을 들어 본 적이 있다.

'특수교사 되려면 사회복지과 나오면 되나요?'

'특수학교는 어디 복지시설인가요?'

'이 정도면 나도 특수교사 하겠다.'

물론 이런 말들은 특수교사가 해야 할 일을 하지 않아서 또는 특수교육이 제 역할을 못하고 있어서 그런 것은 아닐 것이다. 아마도 장애인과 특수교육에 대한 인식 부족과 잘못된 정보에서 비롯된 문제일 것이라 생각된다. 다행인 것은 장애인과 특수교육에 대한 사회적 관심이 높아지고, 장애이해교육이 활성화되면서 인식 부분에서 크게 개선되어 가고 있다.

　그러나 특수교사의 입장에서 위의 오해들을 누군가의 무지와 단순한 인식의 문제로 끝내서는 안 될 것이다. 분명 특수교육이 사회복지와 많은 관련이 있고 특수교육이 상위냐, 사회복지가 상위냐를 따지는 것이 무의미할 정도로 상호 보완적인 관계인 것은 사실이다. 그렇다고 특수교육과 사회복지를 같다고 말할 수는 없다. 즉 특수교사는 특수교육이 갖는 교육적 가치에 대해 명확히 말할 수 있어야 하며 거기에 따른 특수교사의 전문성을 정의할 수 있어야 한다. 그리고 그 전문성을 더욱 발전시키기 위해 노력해야 한다.

　　누구든 될 수 있지만 아무나 할 수는 없다.[4]
　　교사는 사업가도 아니고 이윤을 창출해야 하는 직업도 아닙니다. 오히려 미래 세대를 위해 일방적으로 투자해야 하고 지금 당장의 이윤보다 앞으로의 가능성에 더 큰 가치를 두는 직업입니다. 그렇기 때문에 교사를 하면서 돈을 많이 벌고 싶다는 생각은 잘못된 생각입니다. 그렇다고 교

---

4. 커리어넷 진로 솔루션 2017년 1월 특수교사 편.

사가 무조건 가난해야 한다는 말은 아닙니다. 개인의 경제관에 따라 차이는 있지만 교사가 되면 부유하지는 않지만 기본적인 생활이 가능할 만큼의 봉급과 혜택이 주어지기 때문에 경제적 어려움은 크게 없습니다. 또한 교사를 하면서 개인의 능력에 따라 교재 개발, 저서 활동, 각종 강연 등을 통해 부수적인 수입을 올릴 수가 있습니다. 중요한 것은 그 목적이 돈이 아니라 교사의 전문성 계발이나 학생 지도를 위한 것이어야 한다는 것입니다.

특수교사도 마찬가지입니다. 특수교사라고 해서 다른 교사와 다른 대우를 받는 것이 아니라 같은 교원으로서 같은 권리와 사회적 지위, 대우를 받습니다. 물론 특수교사에 대한 사회적 인식이 많은 부분 개선되어야 합니다. 특수교육을 사회복지 분야의 한 부분으로 여기거나 특수교사를 사회복지사로 오해하는 것, 특수교사는 무조건 힘들 거란 과잉 일반화, 특수교사를 일반 교사의 보조 교사로 폄하 등 부정적인 인식들은 분명히 개선되어야 합니다.

가령 특수교사는 무조건 힘들 거라고 하지만 꼭 그렇지만은 않습니다. 일의 힘듦은 지극히 개인적인 기준이기 때문에 누구에게는 힘든 것이 누구에게는 힘들지 않은 일이 될 수 있습니다. 아이들과 지내는 것이 행복하고 함께 수업하는 것이 재미있고 학교에 출근하는 날이 기다려진다면 이보다 더 쉬운 일은 없을 것입니다. 그래서 저는 이 모든 것을 갖춘 특수교사를 최고의 직업으로 생각하고 있습니다.

하지만 개인적이든 사회적이든 특수교사에 대한 잘못된 인식은 존재합니다. 그리고 개선되어야 합니다. 하지만 막연히 다른 사람들이 제대로 알아주기만을 기다려서는 안 됩니다. 오히려 특수교육의 교육적 가치를 증명하고 특수교사로의 전문성을 확고히 하기 위해 특수교사 개개인이 먼저 노력해야 합니다. 가장 먼저, 내가 맡고 있는 몇 년이 아이들의 일생 중에 한 부분을 차지한다는 무게감을 느껴야 합니다. 그래서 최소한 이 아이들의 인생에 미안한 일은 만들지 않도록 매 순간 진심으로 대하고 가르치는 일에 최선을 다해야 합니다.

그리고 끊임없이 공부해야 합니다. 장애를 가지고 있고 발전이 더디다고 해서 특수교사까지 그대로 안주하면 아이들은 물론이거니와 교사인 내가 정체되어 버립니다. 나아가 이 생활에 익숙해지는 순간 교사가 아닌 월급쟁이로 전락해 버립니다. 따라서 특수교사는 끊임없이 공부하고 도전해야 합니다. 다양하고 폭넓은 배움과 거침없는 도전이 내 수업에 녹아들게 되고 그것이 나만의 노하우이자 전문성이 됩니다.

가끔씩 아이들이 선생님은 방학 때 뭐 하는지를 묻습니다. 그럴 때마다 대답합니다.

"선생님도 공부하지. 너희들 잘 가르치려고."

누구나 될 수 있는 특수교사. 그러나 아무나 할 수 없는 특수교사. 특수교사라는 무게감을 알고 끊임없이 배우고 거침없이 도전하는 당신만이 할 수 있습니다.

위 글은 커리어넷에서 운영하는 진로 솔루션 '특수교사' 편에서 '직업 솔로몬'으로 조언한 내용으로, 특수교사의 교사관과 전문성에 대해 말하고 있다.

'특수교사, 누구든 될 수 있지만 아무나 할 수는 없다.'

제목처럼 특수교사는 누구든 될 수 있지만 아무나 할 수는 없다. 그 이유에 대해, 즉 특수교사의 전문성에 대해 이야기해 보자.

개별화 교육 계획에 대한 전문성

특수교사에게 특수교육의 꽃이 무엇이냐고 물었을 때 거의 대부분의 선생님은 '개별화 교육 계획Individualized Education Plan'(이하 IEP)이라고 말할 것이다. IEP는 개별 학생에 대한 장애 특성, 인지·정서·행동적 특성, 가정환경, 나아가 생태학적 관점에서의 모든 정보들을 종합하여 학생에게 가장 우선적으로, 가장 필요한 내용을 교육 목표로 삼는다. 그리고 학생의 특성에 가장 적합한 지도 방법을 투입하고 관련 서비스를 제공하여 교육 목표를 성취할 수 있도록 교육한다.

이를 위해서 특수교사는 특수교육학 총론을 배우게 되며 세부적으로는 특수교육을 필요로 하는 학생인지를 진단하는 진단평가 방법, 각 장애에 대한 특성과 장애 학생을 지도하기 위한 지도 방법을 배우고 실습하게 된다. 또한 관련 법규와 서비스에 대해 배우면서 종합적인 접근을 할 수 있도록 역량을 키우게 된다. 그 기본적인 역량을 갖추는 데 걸리는 시간이 4년이며(대학원을 진학할 경우 더 길어진다), 여기에 현장 경험을 쌓게 되면서 이론과 경험을 갖춘 특수교사가 된다.

IEP는 위와 같은 일련의 과정과 노력, 현장 경험이 있는 특수교사로부터 비롯된 결과물이며 특수교육의 꽃이다. 다시 말해 특수교육을 전공하지 않은, 단순한 상식 수준에서의 접근과는 시작부터가 다르다. 그런데 어찌 특수교육을 아무나 할 수 있다고 말할 수 있을까. 특수교사는 장애 학생을 맡은 순간부터 그 학생에 대한 전문가가 된다. 때에 따라서는 학생의 부모보다 학생의 특성과 강점, 약점에 대해 더 많이 알고 있을 수도 있다. 하지만 그것은 오랜 시간 학생을 돌봐 오면서 자연스럽게 알게 된 일반 정보와는 다르다. 구체적인 이론과 분석 방법을 가지고 학생에 대한 정보를 추출하고, 그 정보들을 일정 기간 관찰을 통해 유의미하게 해석해 낸 정보이기 때문에 훨씬 체계적이고, 과학적인 데이터라고 말할 수 있다. 따라서 특수교사는 장애 학생에 대한 정확한 정보를 분석해 내는 것에서부터 학생들이 삶을 살아가는 데 꼭 필요한 것을 IEP로 수립하고, 그것을 실제 교육으로 이끌어 갈 수 있는 전문성을 갖춰야 한다.

그래서인지 학부 시절에 교수님들께서는 이런 말씀을 자주 하셨다.

'특수교사는 다재다능을 넘어 만능이어야 한다.'

그렇다. 특수교사는 다재다능해서는 안 된다. 만능이어야 한다. 왜냐하면 장애 학생들에게 지식 전달만 하면 되는 것이 아니라 인간으로서 삶을 살아갈 수 있도록 가장 기초적인 것들부터 가르치고 만들어 주어야 하기 때문이다.

문제행동 중재에 대한 전문성

'문제행동 중재가 특수교사의 전문성인가'라는 질문에 아니라고 말하는 특수교사는 단 한 명도 없을 것이다. 문제행동 중재는 특수교사가 반드시 갖추어야 할 전문성 중 하나다. 학부 과정에도 문제행동 중재를 위한 수업이 따로 개설되어 있으며 매우 비중 있게 다루고 있다. 그럼에도 불구하고 문제행동 중재가 특수교사에게 어려운 이유는 이론과 실제가 다르기 때문이다. 이론서에서 제시된 사례와 비슷한 유형의 문제행동을 보이는 장애 학생을 만났을 때 이론서와 똑같이 지도한다고 해서 그 학생의 문제행동이 바로 개선되지는 않는다.

거기에는 여러 가지 이유가 있겠지만, 특수교사의 진단·평가 또는 행동 분석의 오류, 지도 방법의 오류, 환경 차이, 그 외에 특수교사가 인지하지 못한 부분에서 오류가 발생해서 결과가 다르게 나올 수 있다. 또 한편으로는 이론서 사례의 경우 특성이 명확한 대상과 구조화된 환경, 중재 방법의 일관성 등 체계성을 확보한 상황에서 중재가 이루어졌기 때문에 결과가 긍정적으로 나올 수 있었을 것이다. 물론 장애 학생의 특정 문제행동에 대해 같은 조건과 상황에서 여러 특수교사에게 중재하라고 했을 때, 특수교사 개인의 역량에 따라 결과가 달라질 수는 있다. 하지만 학교현장에서 만나게 될 장애 학생들의 문제행동은 이론서의 사례처럼 문제행동 특성이 명확하지 않을 수도, 기능 분석이 제대로 되지 않을 수도, 명확한 중재 방법이 없을 수도 있다. 어떤 경우는 문제행동의 기능 평가가 제대로 되지 않을 수도 있으며, 인지수준이 너무 낮은 경우 뚜렷한 해결책이 보이지 않을 수도 있다. 또한 문제행동 중재를 장기간 일관되게 이끌어 가기 어려운 조건일 수도 있다. 이동수업 간의 협력 체계, 학교 행사, 체험학습, 학급 구성원의 변화 등 다양한 변수들이 있다. 심지어 학생의 신체 발달(예: 2차 성징)을 비롯해 가정환경 문제, 건강상의 문제 등 문제행동 중재의 중요 요소인 일관성을 유지하기 어려울 때가 많다.

만약 문제행동 중재에 장애물이 없다고 가정해 보자. 그러면 문제행동 중재를 이론에 맞춰 쉽게 할 수 있다고 여길 수도 있지만, 의외의 문제가 발생할 수도 있다. 바로 특수교사가 장애 학생의 문제행동을 문제행동으로 보느냐, 그렇지 않으냐의 문제다. 다시 말해 장애 학생의 어떤 행동에 대해 특수교사가 어떻게 판단하느냐에 따라, 전혀 다른 접근과 중재 방법을 적용할 수 있고 그에 따른 지도 방향 또한 달라질 수 있다.

예를 들어 교실에서 수시로 위로 뛰고 소리를 치는 학생이 있다고 가정해 보자. 뛰는 행동이 수업 시간에는 분명이 문제행동이지만 학교 축제 때 뛰는 행동이 문제행동일까? 교실에서는 문제행동이 될 수 있지만 축제장이나 콘서트 장에서는 전혀 문제가 되지 않는다. 어떤 특수교사는 이것을 심각한 문제행동으로 판단할 수도 있고, 어떤 특수교사는 대수롭지 않은 단순 부적응 행동으로 판단할 수도 있다. 그리고 이에 따라 다른 접근을 하게 될 것이다.

그만큼 문제행동 중재에는 정답이 정해져 있지 않다. 비슷한 유형에 따라 일반적인 접근과 참고할 만한 중재 방법이 있을지는 모르겠지만, 긍정적인 결과를 보장하는 중재는 없다고 해도 과언이 아니다. 따라서 특수교사가 판단할 때 정확한 행동분석과 적절한 중재 방법을 적용했다 하더라도 긍정적인 변화를 보이지 않을 수도 있다. 또한 긍정적 행동 변화를 보였다 할지라도 어느 순간 다시 예전으로 돌아올 수 있기 때문에 지속적인 관심과 관리가 필요하다.

간혹 특수교육을 전공하지 않은 사람이 장애 학생의 문제행동을 나름의 방법으로 지도하는 경우가 있다. 그리고 우연히 문제행동이 개선되는 경우가 생길 수도 있다. 그러나 그것이 문제행동을 지도하는 정답이라고 자의적으로 판단하고 고집하는 것은 굉장히 위험한 일이다. 문제행동 지도에는 기본적으로 정확한 평가와 분석이 필요하다. 또한 이론적으로 검증된 중재 방법과 다양한 사례 연구를 통한 지도계획을 일관성 있게, 장기적으로 제공해야 한다. 그러므로 그중 하나라도 결여되어 있다면 오히려 시작하지 않는 편이 나을 수도 있다.

따라서 이론과 실제를 겸비하고, 장기적 관점에서 일관성 있게 문제행동을 중재할 수 있는 특수교사의 전문성이 필요하다. 그리고 특수교사는 자기 자신의 문제행동 중재에 대한 전문성을 좀 더 밀도 있는 이론과 폭넓은 사례 연구를 통해 튼튼하고 예리하게 다듬어야한다.

수업에 대한 전문성

특수교사의 교육과정과 수업에 대한 전문성을 더 쉽게 이해해 보고자 '특수교사'의 전문성을 생각해 보았다. 특히 '특수'와 '교사'를 구분하여 '특수'를 특수만의 특수적 전문성, '교사'를 교사로서의 보편적 전문성으로 나누어 본 것이다.

앞서 말한 IEP와 문제행동 중재에 대한 전문성은 특수교사의 '특수적 전문성'에 포함시킬 수 있다. 예를 들어 수학적 지식과 수학적 문제 해결 능력은 수학교사만의 특수적 전문성이다. 과학적 지식과 과학적 문제 해결 능력은 과학교사만의 특수적 전문성이다. 마찬가지로 IEP와 문제행동 중재는 특수교사만의 특수적 전문성이다.

그렇다면 특수교사에게 교사로서의 보편적 전문성은 무엇일까. 그것은 교육과정과 수업에 대한 전문성이라고 말할 수 있다.

수학교사든 과학교사든 교사로서 알아야 하고 해야 하는 것이 각 교과의 교육과정과 수업이고, 이는 특수교사도 예외가 아니다. 수학교사는 수학과의 교육과정을 알아야 하고, 그것을 수업으로 이끌어 낼 수 있어야 한다. 특수교사는 특수교육의 교육과정을 알아야 하고, 그것을 수업으로 이끌어 낼 수 있어야 한다. 그것을 해낼 수 있는 능력이 특수교사의 보편적 전문성이다.

누군가를 가르친다는 것은 쉬운 일이 아니다. 새로운 지식을 전달하는 것, 새로운 개념을 깨닫게 해 주는 것, 새로운 것을 창조해 낼 수 있도록 사고를 확장시키는 것은 매우 어려운 일이다. 이것이 교사에게는 늘 고민거리로 남아 있다. 이 때문에 교사는 수업 전문성을 기르기 위해 관련 연수를 수강하고, 연구한 교수·학습 전략들을 이것저것 실제 수업에 적용해 본다. 새로운 수업 모형을 적용해 보고, 새로운 수업자료나 매체를 다채롭게 준비해서 보여 주며 수업에 생기를 넣으려 한다. 그러나 안타깝게도 자신이 계획한 대로 수업이 나올 때보다 그렇지 않을 때가 많다. 수업 모형을 갖추려고 애쓰다가 학생들의 반응과 배움을 놓치는 경우가 생기고, 새로운 자료에 정신을 뺏긴 나머지 학생들이 수업으로 들어오지 못하는 경우도 생긴다. 그래서 명쾌하게 수업이 마무리되지 못하고 뭔가 찜찜하게 남아 있는 경우가 많다. 이런 일은 일반 교과 교사들의 수업에서만 일어나는 것이 아니라 특수교사의 수업에서도 빈번하게 일어난다.

〈골목식당〉이라는 텔레비전 프로그램이 있다. 여기서는 골목 상권을 살리기 위해 컨설턴트가 식당을 선정해서 장사가 잘되지 않는 원인을 분석하고 컨설팅을 통해 솔루션을 제공한다. 식당 사장은 받은 솔루션을 가지고 일정 기간 동안 연습하고 적용해 본다. 흥미로운 것은 컨설턴트가 식당을 진단하고 솔루션을 제공하면서 빼먹지 않는 작업이 있는데, 바로 메뉴판 정리이다. 음식 맛이 좋은 식당이건 그렇지 못한 식당이건 메뉴판 정리는 빠지지 않는다. 가장 경쟁력 있는 메뉴 또는 그 식당을 상징하는 메뉴 등만 남겨 놓는다. 보통은 메뉴가 많아야 손님들이 선택할 수 있는 폭도 넓고 그래야 손님이 늘어날 거라 생각하는데 오히려 메뉴를 줄인다. 그러자 신기하게도 손님이 늘어나고, 매출은 올라간다. 손님은 다양한 것을 먹기보다 내가 좋아하는 것을 먹기 위해서 그 식당을 가는 것이다. 그래서 메뉴를 줄여도 손님은 찾아오게 되어 있고, 주방에서는 메뉴를 줄인 만큼 효율성이 높아지므로 홀의 회전율도 좋아져 매출이 늘어난다.

이 장면만을 놓고 보면 수업과 많은 부분이 비슷하다. 한 차시 수업에 여러 가지 수업 기법과 기자재, 화려하고 재미있는 교구들을 준비하면 왠지 수업이 잘될 것 같지만 오히려 장애 학생들의 관심을 분산시켜 주의집중력을 떨어뜨리는 경우가 있다. 특수교사 자신도 수업이 너무 복잡해져서 어떤 것을 해야 하는지 잊어버리거나, 수업을 이끄는 데에만 집중해서 학생들에 대한 관찰과 평가를 놓치는 경우가 발생할 수 있다. 그래서 다양한 자료와 여러 기법들을 포함해서 수업을 기획하는 것보다, 학습 목표를 중심으로 수업 내용을 이해하는 데 꼭 필요한 자료 몇 개, 수업 내용 전달에 가장 적합한 수업 기법 몇 가지로만 단순하게 수업을 기획하고, 운영하는 것이 오히려 교사와 학생에게 효과적이다.

그런데 어떤 특수교사는 장애 학생들에게 수업(교과 수업)이 큰 의미를 갖지 못한다고 생각하는 경우도 있다. 왜냐하면 장애 학생들에게는 어떤 지식을 아는 것보다 살아가는 방법을 아는 것이 더 중요하기 때문이다. 만약 수업의 개념을 일반 학생들을 대상으로 하는 지식 전달 위주의 수업의 형태로 생각한다면, 장애 학생들에게 수업은 큰 의미를 갖지 않는 것처럼 보일 수도 있다. 특수교사 또한 '지식을 가르친다'는 관점에서 수업을 평가한다면 정말 그렇게 생각할 수도 있다.

그러나 장애 학생이 수업 시간에 '살아가는 법'을 배운다면 어떨까. 단순히 지식 전달을 넘어 배운 지식을 바탕으로 세상을 살아가는 방법을 수업 시간에 배운다면 장애 학생들에게 그 시간이 여전히 의미 없는 시간일까? 오히려 다른 어떤 시간보다 중요하고 함께 살아가기 위해 꼭 필요한 과정일 것이다.

실제로 특수학교의 수업을 들여다보면 단순한 지식 전달에 초점을 맞추기보다 배운 내용을 어떻게 일상생활로 일반화시킬 것인가에 대한 고민이 많이 묻어나 있다. 장애 학생들에게는 아는 것보다 생활에서 할 수 있는지가 더 중요하기 때문이다. 그리고 그것은 살아가는 것과 직결되기 때문에 그 중요성이 더욱 강조된다. '할 수 있는' 것의 중요성은 특수교육뿐만 아니라 일반 교육에서도 강조된다.

일반 교육에서도 지식을 '안다'고 해서 '한다'는 보장이 없기 때문에 여러 가지 형태로 배운 것을 적용하고 응용할 수 있는지를 평가한다. 그래서 평가의 개념이 예전의 결과만 평가하는 '줄 세우기' 평가에서 학생들이 성장할 있도록 '돕는 평가'로 변화하고 있다. 결과 중심 평가를 보완할 과정 중심 평가가 시도되고 있는 것이다. 그만큼 아느냐와 더불어 할 수 있느냐가 강조되고 있다.

특수교육에서의 수업(나아가 평가까지)은 더더욱 장애 학생들이 자신의 삶을 살아갈 수 있는 방법을 배우고 연습해 보는 과정이 되어야 한다. 당연히 특수교사는 장애 학생들이 그런 과정을 경험하고 연습해 볼 수 있도록 수업을 설계할 수 있어야 한다. 그런 전문성이 있어야 한다.

이런 측면에서 볼 때 특수교사는 수업에 대한 전문성을 갖춰야 하고, 그것을 보여 줄 수 있어야 한다. 교사의 전문성을 공식적으로 보여 줄 수 있는 것은 오직 수업뿐이기 때문이다.

예를 들어 김 선생님이 생활지도, 진로·진학지도, 학교폭력 문제 등에 관한 전문가라고 했을 때, 결과는 보여 줄 수 있지만 그 과정까지 공식적으로 보여 줄 수는 없다. 그렇지만 수업은 다르다. 학생들과 어떻게 상호작용하는지, 어떻게 가르치는지, 수업 중에 어떤 배움이 일어나도록 유도하는지 공식적으로 보여 줄 수 있다. 그렇기 때문에 교사는 다른 어떤 것보다 의도하는 바를 수업으로 기획하고, 보여 줄 수 있어야 한다. 특수교육도 마찬가지다. 교과 학습뿐 아니라 자조기술 지도, 문제행동 중재, 의사소통 방법 지도 등을 수업으로 보여 줄 수 있어야 한다. 물론 이러한 내용들은 수업 이외의 시간에도 수시로 지도하고 그 과정에서 학습이 일어나기도 한다. 그러나 학생이 학교에서 가장 많은 시간을 보내는 곳은 교실이고, 수업 시간이다. 따라서 특수교사는 수업 시간을 통해 이러한 내용들을 지도할 수 있도록 수업을 설계하고, 수업으로 보여 주어야 한다. 그랬을 때 장애 학생들에게 정말 필요한 내용들을 등교해서 하교할 때까지(나아가 가정까지) 지도할 수 있다.

다시 강조하지만, 특수교사는 자신의 전문성을 수업으로 보여 줄 수 있어야 한다.

교육과정에 대한 전문성

또 하나, 수업과 더불어 모든 교사가 보편적으로 갖추어야 할 전문성이 있다. 가르쳐야 할 것을 학생들의 요구와 특성에 맞게 재구성하여 가르칠 수 있는 전문성, 즉 교육과정에 대한 전문성이다.

신학기가 시작되고 새로운 장애 학생들을 만나면 가장 먼저 던지는 질문이 있다.

'이 아이들에게 가장 필요한 것은 무엇일까? 무엇을 가르쳐야 할까?'

가르칠 것에 대한 질문이다. 이와 함께 또 하나의 질문을 한다.

'○○ 시간에 가르쳐도 되는 것인가?'

가르칠 내용의 근거에 대한 질문이다.

사실 이에 대한 답은 모두 교육과정으로 연결된다. 교육과정에는 가르쳐야 하는 내용이 무엇인지, 다루어야 할 성취기준이 무엇인지, 무엇을 평가해야 하는지가 제시되어 있다. 따라서 내가 맡은 장애 학생들에게 가장 필요한 것이 무엇이고, 어디에 중점을 두고 가르쳐야 할지를 정했다면, 가르쳐야 할 구체적인 내용 요소와 근거에 대한 문제는 쉽게 해결될 수 있다. 여기에서 특수교사에게 한 가지 질문을 해 보자.

'선생님은 특수교사로서 교육과정을 읽고, 해석하여 자신의 교육 목적과 목표에 따라 교육과정을 재구성할 수 있습니까?'

이것은 결국 교육과정 문해력에 대한 질문이다.

교육과정 문해력은 교사가 교육과정 문서를 읽고 해석하여 교사 수준의 교육과정 재구성과 평가에 일관되게 적용할 수 있는 상용능력을 말한다.[5] 교육과정을 읽고, 단순히 이해하는 수준에서 멈추는 것이 아니라 내가 맡고 있는 학생들에게 필요한 교육적 요구를 파악하고, 그에 알맞은 교육과정으로 재구성해서 운영할 수 있는 능력을 말한다.

예를 들어 특수학교의 어떤 반 같은 경우 지적 능력은 좋은 편이나 감정 조절이 어려운 장애 학생들이 많다. 그럴 경우 국어과 교육과정을 재구성하여 감성수업 중심으로 교육과정을 운영할 수 있다. 또는 기본생활습관 형성이 절실히 필요한 반이라면 사회과 교육과정을 재구성하여 기능 중심 수업으로 운영할 수 있다.

이를 위해서는 기본적으로 해당 내용과 관련된 교과의 성취기준을 분석하고 연결해야 하며, 이를 바탕으로 활동을 재구성해야 할 것이다.

이와 같이 교육과정 문해력, 교육과정에 대한 전문성은 특수교사가 장애 학생들에게 가장 필요하다고 판단해서 선정한 교육 중점과 방향이 힘을 잃지 않고 끝까지 달려갈 수 있도록 안내하는 나침반

---

5. 경기도교육청(2016), 〈교사의 교육과정 문해력 신장〉.

이자 원동력이 된다. 뿐만 아니라 특수교사인 내가 수업을 통해 가르쳐야 할 것을 제대로 가르치고 있다는 근거가 된다. 무엇보다 특수교사가 만들어 낸 괄목한 만한 교육적 결과물이 단순히 한 특수교사의 노고에 그치지 않고, 교육적 가치를 제대로 평가받을 수 있는 과정이자 결과가 된다.

특수교육 현장에 있으면서 가장 안타까운 때가 특수교사의 교육활동이 그 가치를 제대로 인정받지 못하고, 특수교사 개인의 아름다운 희생이나 사명감으로 인한 선행으로 평가될 때이다. 외부에서는 특수교사의 열정과 장애 학생에 대한 태도가 특별해 보일 수 있다. 또한 특수교육 활동이 다른 일반 교과 교육활동에 비해 단순해 보일 수도 있다. 하지만 특수교육에서의 교육활동 또한 많은 연구와 이론을 기반으로 하고 있으며, 특수교사의 교육활동에도 교육과정이라는 명확한 근거가 있다. 수업의 한 차시, 교육 프로그램의 한 장면만으로 보면 너무 상식적인 것 같고 쉬워 보일 수 있겠지만, 특수교사는 그 수업과 프로그램을 계획하고 운영하기까지 개별화 교육계획은 물론이거니와 교육과정을 근거로 교육과정 분석 및 재구성을 통해 교육활동을 만들어 냈다. 그렇기 때문에 특수교사의 교육활동은 교육적으로 그 가치를 평가받을 수 있으며, 평가받아야 마땅하다. 그런데 그 반대의 경우라면! 열정적으로 교육 프로그램을 운영했으나 교육과정에서의 근거가 없거나 명확하지 않다면 그 교육활동은 제대로 된 평가를 받기가 어려울 것이다. 왜냐하면 우리나라에서 교육활동의 근거는 교육과정이고, 그것을 가르치고 평가해야 할 의무가 교사에게 있기 때문이다. 따라서 특수교육 또한 교육활동의 근거로 교육과정을 명확히 제시할 수 있어야 한다.

이를 볼 때 교육과정 전문성은 특수교사가 선택하느냐 그렇지 않으냐의 문제가 아니다. 기본적이고 제대로 갖춰야 할 특수교사의 전문성인 것이다.

교육과정 문해력 습득 과정

출처: 경기도교육청(2016), 〈교사의 교육과정 문해력 신장〉.

#특수교사의 질문!

특수교사가의 전문성은 무엇이라고 생각하나요?

그 전문성을 계발하기 위해 어떤 노력을 하고 있나요?

세상에
만병통치약은
없다

더, 더, 더 많은 자료 주세요

장애 학생들을 가르치다 보면 학습 자료의 필요성을 뼈저리게 느끼게 된다. 예를 들어 같은 반에서 '여러 가지 입체도형'을 가르친다고 할 때 교과서만 있어도 가능한 학생이 있는가 하면, 어떤 학생은 학습지, 또 다른 학생은 그림, 실물이 필요한 학생도 있다. 장애 학생의 경우 같은 지적장애라 하더라도 인지수준과 강·약점이 모두 다르기 때문에 거기에 맞춰 특수교사가 준비해야 할 학습 자료가 매우 많다. 특수교사가 필요하다고 생각하는 학습 자료를 시중에서 판매하고 있으면 구입하면 되지만, 그렇지 않은 경우에는 직접 제작해서 사용해야 하며, 학습지의 경우도 학생마다 수준에 맞춰 수정해서 사용하는 경우가 빈번하다. 그래서 학습 자료가 풍부할수록 특수교사가 자료를 준비하는 데 소비하는 시간을 줄일 수 있고, 그만큼 수업연구나 문제행동 중재, 생활지도, 그 외의 다른 영역에 더 많은 시간을 할애할 수 있다. 특수교육 현장에서 연구와 수업에 필요한 자료들을 찾아보면 참고할 수 있는 자료가 다른 교과에 비해 많지 않다는 것을 실감하곤 한다.

예를 들어 '토론' 수업을 할 때, 일반 학생들은 시중에 나와 있는 장학자료나 사례집을 활용하면 어렵지 않게 그 수업을 기획할 수 있다. 하지만 특수학교에서는 장애 학생들의 인지수준과 장애로 인해 '토론' 수업이 어려운 때도 있으며, 심지어 발화가 되는 학생이 한 반에 한두 명이어서 '토론' 수업이 불가능한 경우도 있다. 그러다 보니 막상 특수교사가 토론 수업을 하고자 할 때, 장애 학생들을 대상으로 한 장학자료나 사례집이 많지 않을뿐더러 있다 하더라도 실제로 내가 맡고 있는 학생들에게 적용하기 어려운 경우가 많다.

이런 상황 때문인지 몰라도 특수교사들이 많이 하는 말이 있다.

'○○ 활동에 관심은 많은데 수업 사례도 없고 자료가 없네요.'
'○○ 수업에 대한 장학자료 좀 만들어 주세요.'

반대로 질문을 해 보자.

'선생님에게 필요한 자료가 나오지 않으면 선생님은 그 수업을 영원히 하지 않으실 건가요?'
'특수교사인 선생님이 그 수업 사례를 만들어 볼 수는 없을까요?'
'선생님에게 필요한 자료를 만들어 드리면 자료 그대로 수업을 하실 수 있나요?'

내가 첫 사례가 되어 보면 어떨까

장애 학생들에게 어떤 수업(독서·토론 수업, 플립러닝, PBL 등)을 적용해 보려고 관련 내용을 연구하고 자료와 사례를 찾아보면 알게 된다. 장애 학생들을 대상으로 적용해 본 수업 사례가 많지 않다는 것을. 특히 요즈음 유행하는 수업 전략 또는 방법들에 대한 책을 찾아보면, 특수의 '특' 자도 발견하기 어렵다. 그나마 연구대회를 찾아보면 관련 자료가 몇 개는 나온다. 그만큼 장애 학생들을 대상으로 연구하고 적용한 수업 사례가 많지 않다. 그래서 동료 특수교사들을 만나면 장애 학생을 대상으로 연구한 자료, 특히 관련 사례들을 국립특수교육원이나 시도교육청에서 많이 만들어 주었으면 하는 바람을 이야기하곤 한다.

한편으로 이런 생각을 해 본다.

'우리는 언제까지 누가 자료를 만들어 주기만을 바라야 하는가.'

'특수교사인 내가 그 분야의 첫 사례가 될 수는 없을까.'

사례라는 것은 '내 생각이 정답이니 이렇게 해야 합니다'가 아니라 '이런 예시도 있으니 참고하세요'라는 의미가 강하다. 그만큼 교사라면 누구나 해 볼 수 있고, 그 결과가 좋든 나쁘든 누군가에게는 도움이 될 예시이기 때문에 부담 없이 시도해 볼 수 있다.

처음은 언제나 외롭고 험난하다. 그래서 선뜻 도전하기가 어려운 것이 사실이다. 그러나 누군가가 하지 않으면 결코 다음은 없을 것이기 때문에 첫 발자국을 떼는 것이 무엇보다 중요하다. 내가 연구하고 적용해 보고 싶은 분야에 내가 먼저 첫 발자국을 남겨 보면 어떨까, 내가 첫 사례가 되어 보면 어떨까.

내가 만드는 만병통치약

학교현장에서 일하다 보면 수많은 자료가 쏟아진다. 교육부에서 발간된 자료도 있고, 시도교육청이나 교육연수원에서 만든 자료 등도 있다. 때로는 대학교나 관련 기관에서 만든 자료들도 받아 볼 수 있다. 여기에는 교수·학습 자료뿐 아니라 생활지도, 상담활동, 평가활동 등 학교 교사와 학생, 학부모를 위한 자료들까지 다양한 자료들이 포함되어 있다.

그런데 현장의 교사들은 어떤 부분에 대해 연구하고 적용하기 위해 관련 자료들을 찾아보면 쓸 만한 자료가 많지 않다고 말한다. 이런 현상은 특수교육에서도 크게 다르지 않다. 그래서인지 특수교사들은 '장학자료 좀 만들어 달라, 학습자료 좀 만들어 달라, 보조자료 좀 만들어 달라'고 자주 이야기한다.

정말 그럴까? 쓸 만한 자료가 그렇게 없을까?

특수교육의 경우 국립특수교육원 또는 몇몇 시도교육청의 특수교육원이 중심이 되어 많은 자료들을 발간, 배포한다. 배포되는 자료들을 보면 교육과정 관련 자료에서부터 교수·학습 자료, 신변자립 활동 자료, 중도·중복장애 학생 보조 교재, 진로·직업 참고자료, 보조공학자료, AAC 어플리케이션, 직업카드 등 아주 다양하다. 그런데 정작 현장에 있는 특수교사들은 이 내용을 모르는 경우가 많다. 그 이유는 '홍보가 제대로 이루어지지 않았거나, 유통이 제대로 되지 않았거나, 특수교사가 관심이 없거나'일 것이다. 홍보나 유통 문제는 시스템적인 문제이기 때문에 조금만 수정하면 금방 개선될 수 있다. 그러나 특수교사의 무관심은 큰 문제가 아닐 수 없다. 아무리 현장의 의견을 듣고 수렴하여 자료를 제작했다 할지라도 정작 현장의 특수교사들이 여기에 관심이 없으면 결국 그 자료들은 사장될 수밖에 없다. 그래서 필자는 근무하고 있는 학교나 외부로 강의를 나갈 때 특수교육원에서 만든 자료들을 최대한 홍보하고 정보를 공유하려고 노력한다. 때로는 관심이 있어도 정보가 없어 활용하지 못하는 경우가 있기 때문이다.

그런데 이런 말을 하는 특수교사들이 있다.

'우리 반 학생들과 수준이 맞지 않아서 사용하기 어렵다. 그래서 쓰지 않는다.'

'우리 반 학생들에게는 이런 자료가 필요한데 적당한 자료가 없다. 이런 자료 만들어 줬으면 좋겠다.'

이것은 어찌 보면 특수교사의 역량에 대해 특수교사가 할 수 있는 최악의 말이라는 생각이 든다.

교사라면 알 것이다. 세상에 만병통치약이 없듯이 모든 내용에 적용 가능한 수업 전략은 없으며, 모든 학생들에게 딱 맞는 자료는 존재하지 않는다는 것을. 특수교육에서는 더욱 그렇다. 한 반에 6명의 장애 학생이 있다면 그 반은 수준이 다른 6개 집단이 있는 것과 다름없다. 따라서 6개 수준의 교수·학습 활동을 계획해야 하고, 6개 수준의 학습 자료를 준비해야 한다. 그런데 어떻게 모든 학생들에게 똑같이 적용할 수 있는 학습자료를 만들어 낼 수 있을까. 만약 그 반 학생들에게 딱 맞는 학습자료를 만들어 냈다 하더라도 분명 다른 반에는 적용하기 어려운 학생이 있을 것이다. 결국 특수교사가 참고할 수 있는 자료는 많지만 손 안 대고 바로 사용할 수 있는 자료는 적거나, 없을 수밖에 없다.

그래서 특수교사의 전문성이 필요하다. 특수교육에서 보편적으로 쓸 수 있는 장학자료 또는 학습자료가 있다고 할 때, 여러 자료 중에서 특수교사 자신과 학생들에게 필요한 자료들을 뽑아낼 수 있는 안목과 그것을 재가공하여 활용할 수 있는 역량을 갖춰야 한다. 우리는 그것을 특수교사의 전문성이라고 말한다. 특수교사라면 교사 자신과 학생들에게 필요한 자료는 스스로 만들어 내거나, 만들어진 자료를 목적과 대상에 맞게 수정해서 활용할 수 있는 전문성이 있어야 한다. 그런 전문성을 갖추기 위해 학부 과정에서 '교재연구'라는 수업을 들었으며, 그 힘든 교육실습 동안 하루가 멀다 하고 학습 자료를 만들어 낸 것이다.

결국 특수교육 전반에서 참고하거나 활용하기 위한 자료들은 만들어질 수 있지만, 장애 학생 개개인에게 필요한 자료를 만드는 것은 특수교사의 몫인 것이다.

아무도 우리 학생들에게 꼭 맞는 만병통치약을 만들어 줄 수 없다. 내 학생들에게는 특수교사인 내가 만드는 약이 만병통치약이다.

#특수교사의 질문!

내게 필요한 자료를 누군가 만들어 줄 것을 기대하며

기다림의 미학을 실천하고 있는가?

아니면 성급함을 발판으로

특수교사의 전문성을 발휘하여 도전하고 있는가?

교사들의
봄방학?
(아이들을 만나기 위한 준비)

도전, 봄방학!

어느 학교든 신학기는 매우 분주하다. 새로 맡게 될 학생들에 대한 정보를 확인하고 학급운영 계획을 구상하고 수립한다. 거기에 가르치게 될 교과의 교육과정을 재구성하고, 필요한 학습자료까지 구입해야 한다. 그나마 기존에 근무하고 있는 교사들은 학생들의 특성을 어느 정도 파악하고, 학교문화에 충분히 적응한 상태이기 때문에 본인이 구상한 대로 바로 계획을 수립할 수 있지만, 다른 학교에서 전입해 온 교사들은 학생들의 특성 파악도 제대로 하지 못한 상태에서 교육 계획을 수립해야 한다. 게다가 낯선 선생님들과 만나야하고 학교 분위기와 문화에 적응해야 하기 때문에 신학기 준비 기간이 그렇게 녹록지 않다. 그래서 학교를 옮길 때마다 다시 신규 교사로 돌아간 듯한 느낌을 받곤 한다. 그만큼 신학기를 맞이한다는 것은 학생과 교사들에게 굉장히 긴장되고 걱정스러운 일이다.

'봄방학'은 학교들의 학사 일정에 따라 다른 형태로 나타난다. 겨울방학 이후 1~2주 동안 등교를 하는 학교들은 졸업식과 종업식 이후에 대략 2주 정도의 시간이 생긴다. 겨울방학을 늦게 하는 대신 졸업식과 종업식을 겨울방학식에 맞춰 실시하는 학교들은 중간 등교 없이 다음 연도 신학기까지 방학이 이어져 봄방학의 개념이 없는 곳도 있다. 최근에는 겨울방학 이후에 졸업식·종업식까지의 기간 동안 정상적인 교육과정 운영이 어렵기 때문에 겨울방학 시기를 늦춰 졸업식·종업식을 동시에 실시하는 학교들이 늘어나는 추세이다. 정상적인 교육과정을 운영한다는 측면에서 학생이나 교사에게는 후자의 학사 일정 운영이 효과적이라 할 수 있다.

문제는 봄방학이라는 개념에 있다. 사실 교사들에게는 방학이라는 것이 없다. 교육공무원법 제41조(연수기간 및 근무장소 외에서의 연수) 규정을 보면 다음과 같다.

> 교원은 수업에 지장을 주지 아니하는 범위에서 소속 기관의 장의 승인을 받아 연수기관이나 근무장소 외의 시설 또는 장소에서 연수를 받을 수 있다.

정확히 말해 학생들에게는 방학이지만 교사들에게는 연수기간에 해당하는 것이 방학이고, 소위 봄방학이란 학생들을 맞이하기 전에 마지막으로 쉬는 시간이 아니라 신학기를 준비하는 기간이다. 따라서 특수교사에게 봄방학 기간은 학생들에 대한 정보와 특성을 파악하고 IEP와 누가기록부를 통해 이전 특수교사들이 지금까지 무엇에 중점을 두고 장애 학생들을 지도해 왔는지, 어떤 방법으로 IEP를 운영했고 가정과 연계했는지를 파악해야 하는 시간이다. 또한 교사 자신이 운영하고자 하는 학급운영 목표에 맞게 학생들의 자리배치에서 학습 기자재 위치, 교사 책상 등 교실 환경을 바꿔야 한다. 무엇보다 가장 중요한, 교육과정 재구성을 통한 교과지도계획을 수립해야 한다.

어떤 학교들은 교과지도계획을 3월 한 달 동안 수립하는 학교가 있다. 그 이유를 들어 보면 학생들에 대한 정확한 정보를 파악하고 수준과 특성을 고려하여 교육과정을 재구성해야 하기 때문에 개학 후에 계획을 수립한다는 논리이다. 물론 교사마다 교육철학이 다르고 교육관과 교사관이 다르기 때문에 무엇이 '옳다, 그르다'를 말하기는 어렵지만 정확한 것은 3월 1일부터 교육과정을 운영해야 한다는 것이다.

「초·중등교육법」 제44조 1항을 보자.

제44조(학기) ① 법 제24조 제3항의 규정에 의한 학교의 학기는 매 학년도를 두 학기로 나누되, 제1학기는 3월 1일부터 학교의 수업일수·휴업일 및 교육과정 운영을 고려하여 학교의 장이 정한 날까지, 제2학기는 제1학기 종료일 다음 날부터 다음 해 2월 말일까지로 한다.

따라서 교사는 신학기가 시작되는 3월 1일부터 정상적으로 교육과정을 운영해야 하는 의무가 있으며, 교사는 '봄방학'을 활용하여 이를 준비해야 한다. 그런데 신학기 시작하고 3월 한 달 동안 교과지도계획을 수립한다는 것은 논리적으로도 맞지 않으며, 가능하다 하더라도 학생 관리에 소홀하든 교육과정 운영에 소홀하든 어느 것에서 약점이 생길 수밖에 없다. 그렇기 때문에 '봄방학'을 활용하여 본인이 맡게 된 교과의 교육과정을 재구성하고, 그 내용이 교과지도계획에 충분하게 나타날 수 있도록 수립해야 한다.

봄방학=신학기 준비의 최종 단계

어떤 분들은 이런 말을 하곤 한다.

'장애 학생들은 장애의 정도와 수준, 특성을 파악하는 것이 중요합니다. 그런데 학생들을 직접 보지 않고 어떻게 교육과정을 재구성하고, 교과지도계획을 수립하나요?'

맞는 말이다. 교육과정 재구성과 교과지도계획은 학생들의 장애 특성과 인지적 수준을 파악해서 수립해야 한다. 그런데 거기에 대한 정보는 충분히 파악할 수 있다. 보통의 특수학교들을 보면 전년도 담임교사가 학생들의 장애 특성, 인지적 특성, 행동적 특성, 기타 특이사항들을 기록한 자료를 모두 제출하고, 그것을 다음 담임교사에게 전달하는 시스템을 갖추고 있다. 따라서 해당 자료와 함께 개별 학생누가기록부(입학부터 누적된 학생 정보)를 살펴보면 학생에 대한 기본적인 정보는 파악할 수 있고, 거기에 맞춰 계획을 수립하면 된다. 만약 교과 교육과정을 운영하다가 학생들과 맞지 않은 부분이 발생하면 교과지도계획에서 해당 부분을 수정하여 운영하면 된다. 계획은 미래를 예측하여 수립하는 것이기 때문에 어떤 방법으로 계획을 수립하든 잘 맞을 수도 있고, 그렇지 않을 수도 있다. 그래서 우리는 거기에 대한 대안을 늘 생각하고, 변경 계획까지 수립한다. 교과지도계획 역시 잘 맞지 않는 부분이 생긴다면 거기에 맞게 수정하면 되는 것이다.

실제로 교사에게 2월 한 달은 매우 중요한 시간이다. 장애 학생들을 만나 어떤 학급을 만들 것이며, 어떻게 학급을 운영할지에 대한 구상을 하고 구체적으로 계획을 수립해야 하는 시간이다. 또한 교육과정을 재구성할 수 있는 시간이 2월밖에 없다고 해도 과언이 아니다. 특수학교에서 장애 학생들과 생활하다 보면 교육과정에 대해 깊이 있게 생각할 수 있는 시간이 많지 않다. 학생들이 등교하는 시간부터 하교하는 시간까지 특수교사는 다른 어떤 것에 신경 쓸 겨를이 없다. 오롯이 학생들의 일거수일투족에 관심을 갖고 어떤 사고가 발생할지 모르기 때문에 모든 촉각을 곤두세운다. 그래서 학생들이 하교하고 나면 특수교사는 녹초가 되고 만다. 또한 특수학교의 경우 현장체험학습도 많고, 여러 가지 행사들이 학기 내내 있기 때문에 교육과정 재구성에 오랜 시간 집중하기가 어렵다. 이런 상황에서 많은 고민이 필요한 교육과정 재구성이 어떻게 이루어질 수 있을까.

예를 들어 프로젝트 수업으로 교육과정을 재구성하고자 하는 목표가 있다고 가정해 보자. 이를 위해서는 교과교육과정의 내용체계와 성취기준을 분석하는 것은 기본이고, 프로젝트 주제 선정, 성취기준 연결, 세부 프로젝트 구성, 활동 내용, 평가계획, 자료 준비 등

심도 있게 집중하고 준비하지 않으면 재구성하기 어려운 것이 프로젝트 수업이다. 그런데 이러한 내용을 학기가 시작하고 3월에 계획한다? 만약 모든 내용이 머릿속에서 구조화되어 있는 특수교사가 있다면 모를까 현실적으로 어려운 것이 사실이다. 따라서 신학기 시작 전 2월 한 달 동안 교육과정을 재구성하고 교과지도계획을 수립하는 것이 효과적이다. 거기에 학습에 필요한 준비물품까지 함께 준비해 두면, 신학기가 시작되는 첫날부터 정상적인 교육과정을 운영할 수 있을 것이다.

  학교 차원에서 이러한 계획을 추진하기 위해서는, 학교 구성원들 간의 충분한 대화와 협의를 통해 필요성을 인식하는 것이 중요하다. 왜냐하면 교사마다 '봄방학'을 통해 하고자 하는 일에 대한 계획이 있고, 각각의 우선순위가 다르기 때문에 누군가의 독단으로 추진하면 어딘가에서는 불만과 균열이 생기기 마련이다. 따라서 '봄방학'을 우리가 만날 학생들을 맞이하기 위한 신학기 준비 기간으로 정의하고 그 필요성에 대해 공감대를 형성하는 것이 무엇보다 중요하다. 그리고 이 시간을 활용하여 교사의 학급운영 의도가 드러나도록 기본적인 교실환경을 정리하고, 더불어 교육과정 재구성과 교과지도계획을 수립할 수 있도록 구체적인 계획과 방법에 대한 학교 차원의 가이드라인이 제시되어야 할 것이다.

#특수교사의 질문!
봄방학!
특수교사인 선생님은 이 시간을 어떻게 보내고 있나요?

물려줄
유산

　신규로 발령을 받고 특수학교로 출근을 하게 되었다. 학부 시절
에는 교육학부터 장애에 대한 이해와 교수 방법, 문제행동 중재, IEP
등 장애 학생을 가르치는 일에 대해 중점적으로 배우고 실습을 했
다면, 학교현장에서는 이와 더불어 교과 교육과정 편성·운영, 교과
교육과정 재구성, 나이스 시스템, 행정업무 등 학급운영 및 교사의
기본적인 업무가 더해진다. 그런데 학부 과정에서는 학교현장의 전
반적인 업무에 대해 간접적으로 이야기를 들어 볼 수는 있겠지만
실습을 해 본 경험이 없기 때문에 신규 교사로 현장에 배치되었을
때 막막함을 느낄 수밖에 없다. 그래서 교과 교육과정을 재구성하
는 것에서부터 나이스 사용법, 공문 기안하는 것 등 교사로서 기본
적으로 배워야 할 것들을 같은 학교 출신의 선배 교사에게 개인적
으로 가서 하나하나 물어보면서 해결해야 했다. 그런데 만약 신규로
발령 난 학교에 친한 선배 교사나, 업무에 대해 기본적인 내용을 가
르쳐 줄 친절한 동료 교사가 없다면 어떨까? 신규 교사로서 기존 선
생님들께 아주 사소한 것에서부터 복잡한 내용까지 물어보기란 쉽
지 않다. 만약 낯선 사람들에게 스스럼없이 다가가는 적극적인 성격

이라면 모를까 보통의 사람들이라면 질문하는 것부터 어려울 것이다. 그래서 필자는 새로운 업무를 맡게 되면, 신규 때의 경험을 떠올리며 해당 업무에 대한 자체 매뉴얼을 만드는 작업을 항상 진행한다.

매뉴얼이라고 하면 혹자는 거창하게 생각할 수도 있지만, 체계화된 공식적인 매뉴얼이라기보다는 개인이 업무를 해 나가면서 부딪힐 수 있는 상황에 따른 해결 방안들을 기록하고 누적하는 것이다. 학교에서 업무를 맡아서 처리하다 보면 담당자가 부딪히는 상황이 크게 다르지 않아서, 같은 업무를 1년만 해 보면 다음 해에는 쉽게 처리해 나갈 수 있다. 그러니 한 사람이 해당 업무를 전담해서 꾸준하게 한다면 매뉴얼 자체가 필요하지 않을지도 모른다.

그런데 학교현장에서는 교사의 전입·전출 및 휴직 등에 따라 업무 담당자가 바뀌는 경우가 많다. 더욱이 경력이 있는 교사들은 해당 업무를 한 번쯤은 경험해 보았을 테지만 신규 교사나 저경력 교사 또는 업무를 해 보지 않은 경력 교사라면 맡은 업무에 대해 부담감을 느낄 수밖에 없다. 아울러 새로 맡은 업무에 대한 관련 근거를 찾아야 하고, 절차에 따른 해결 방법을 새롭게 공부하고 처리해야 하기 때문에 많은 부분에서 정신적·시간적 낭비가 적지 않다. 보통 학생생활이나 학적, 교무, 교육과정 관련 업무를 하게 되면 업무에 대한 자료들이 학년 초에 배포되고, 교육연구나 정보부, 예술·체육, 창의적 체험활동 등 관련 업무들도 사업에 따른 실무자 연수를 실시한다. 그래서 처음 업무를 맡은 교사들도 충분히 해당 업무를 수행할 수 있는 기반을 마련해 주지만, 실제로 현장에서 운영하다 보면 안내 자료에 제시되지 않은 사례나 의외의 상황들이 발생하기 마련이다. 혹시 안내 자료에 제시되어 있다 하더라도 처음 업무를 맡게 되면 전체적인 내용이 머릿속에 담겨 있지 않기 때문에 해당 내용을 어떻게 적용할지 방법이 잘 그려지지 않을 때가 태반이다.

따라서 전임자가 상황에 따른 관련 근거, 자료들과 출처를 명시해 주고 어떤 절차에 따라서 처리하면 되는지 현장에 맞게 재구성해서 매뉴얼로 만들어 준다면, 후임자는 갑작스런 상황에서도 쉽게 문제를 해결할 수 있을 뿐 아니라 실수하거나 누락시키는 상황을 줄일 수 있다. 무엇보다 매뉴얼을 작성하는 교사에게 가장 좋다. 왜냐하면 문제 상황에 대한 해결 절차와 방법을 자신의 말로 풀어 쓰고, 누구라도 이해할 수 있도록 구체적이면서 쉽게 작성해야 하므로 작성자의 머릿속에 체계적으로 정리된다. 혹시라도 부정확하게 알고 있었던 내용이 있다면 매뉴얼을 작성하면서 관련 근거와 절차를 다시 한 번 찾게 되고 현장 상황이 고려된 방법들로 재구조화될 수 있다. 이 과정을 거치면서 내 업무로 명확하게 자리 잡을 수 있게 된다. 즉 해당 업무의 전문가가 되는 것이다.

업무에 대한 매뉴얼 작성은 전임자에게는 업무에 대한 전문성을 기르는 것이고, 후임자에게는 현장 상황이 반영된 실제적인 가이드북이 될 수 있다. 한 가지 고려해야 할 것은 처음부터 정확하고 깔끔한 매뉴얼을 만들려 하지 말라는 것이다. 그렇게 되면 교사 스스로 필요에 의해서 시작한 일이 또 다른 업무가 되어 버리고 만다. 따라서 '잘'하려고 하지 말고 '그냥' 메모하듯이 시작하는 것이 좋다.

성실하게 기록하다 보면 시간이 흐르면서 누적된 것들이 어느 순간 매뉴얼로 바뀌어 있다.

수업 시간 편성 / 수업계 Q&A

Q. 직업교과 편제 및 시간 배당 관리는 어디서 하나요?

A. 편제 및 시간 배당-교과(학교)-기본교육과정-진로와 직업-과목 찾기-과목명 입력-선택

Q. 스포츠클럽은 어디에서 개설하고 과목명은 어떻게 입력하나요?

A. 개설: 학생생활-창의적 체험활동-동아리 부서 만들기

시간표 입력 시: 스포츠클럽은 동아리 활동으로 편성하고 담당 교사는 실제 과목을 가르치는 교사로 입력한 후 시간표에 표시 한다.

[예시]

	월요일	화요일	수요일	목요일	금요일
1교시	[기]음악 (김○나)	[기]국어 (김동인)	[기]국어 (김동인)	[기]음악 (김○나)	[기]수학 (김동인)
2교시	[기]사회 (김동인)	[기]사회 (김동인)	[기]정보/ 컴퓨터(김○헌)	[기]사회 (김동인)	[기]정보/ 컴퓨터(김○헌)
3교시	[기]도예 (고○화)	[기]미술 (고○종)	[기]포장/조립/ 운반(최○호)	[기]체육 (신○수)	[기]과학 (정○미)
4교시	[기]도예 (고○화)	[기]체육 (신○수)	[기]수학 (김동인)	[기]국어 (김동인)	[기]국어 (김동인)
5교시	[기]사회 (김동인)	[기]여가활동 (김동인)	[기]동아리 활동(김동인)	[기]과학 (정○미)	[기]포장/조립/ 운반(최○호)
6교시	[기]국어 (김동인)	[기]수학 (김동인)		[기]수학 (김동인)	[기]체육 (신○수)
7교시	[기]동아리 활동(양○재)				[기]생활영어 (김동인)

Q. 중등은 스포츠클럽이 동아리로 들어가서 동아리 활동이 두 개 인데 학생을 어떻게 배정하나요?

A. 동아리부터 배정-중복 배정 탭에서 한 명씩 중복하여 입력 가능함.

Q. 동아리 활동 시간에서 해당 교사가 출장이나 연가를 사용했을 경우 수업 교체는 어떻게 해야 하나요?

A. 보강으로 잡는다.

Q. 스포츠클럽이 아닌 일반 동아리 활동일 때 담당하는 교사가 다르고 학생들마다 부서가 다른데 시간표에는 어떻게 표시해야 하나요?

A. 보통, 동아리 활동 담당 교사를 각 반 부담임으로 배정하고 시간표를 편성한다.

Q. 창의적 체험활동에서 '정보통신활용'이 자율활동 시간으로 배정되어 있는데 과목으로 편성해서 시간표에 입력해야 하나요?

A. 기존: 기존에는 따로 자율활동-'과목명'을 명시하지 않고 자율활동-담당 교사가 명시하여 시간표에 반영하였음. 평가 때는 평가 내용 중에서 과목 특성이 나타나도록 평가함.

Q. 학사 일정

A. ○○○○학교 교육 계획 학사 일정 참고(토요휴업일, 일요일 모두 입력-방학 포함)

위 사례는 2013학년도 처음 교육과정 수업 편성 및 시수 관련 업무를 맡았을 때 작성한 매뉴얼이다. 앞서 말한 것과 같이 해당 업무에 대한 자세한 매뉴얼은 상급기관에 단위학교로 배포되며 담당자 연수도 실시한다. 따라서 현장에서 생기는 의외의 상황들을 중심으로 Q&A 형식을 빌려 사례별 처리 방법을 정리했다. 사례처럼 꼼꼼하고, 자세하게 정리되어 있는 매뉴얼이라기보다는 상황에 따른 절차와 방법이 제시되어 있고, 때로는 헷갈리는 개념들이 명확하게 정리되어 있다. 물론 지역과 학교 여건에 따라 적용되는 부분이 다르다. 그렇기 때문에 해당 학교의 상황을 고려한 담당자의 업무 매뉴얼 작성이 필요하며, 해를 거듭할수록 매뉴얼이 업그레이드가 되어야 한다. 그러면 누구의 매뉴얼이 아니라 그 학교의 유산이 될 것이다.

분명 이 작업이 간단하지는 않다. 때로는 더 많은 공부와 끈기가 필요하다. 그렇지만 나에게는 아무것도 아닌 쉬운 일이 누군가에게는 버겁고 어려운 일이 될 수 있다. 그럴 때 나의 경험과 기록이 누군가에게는 사막의 오아시스가 되어 갈증을 해소해 줄 수 있다면 시도해 볼 만한 가치가 있지 않을까?

#특수교사의 질문!
나는 후배 교사에게 또는 동료 교사에게
물려줄 유산이 있는가?

도전에
대하여

모르는 번호로 전화가 온다.

나   김동인입니다.

상대방   김동인 선생님이시지요?

나   맞습니다. 누구시죠?

상대방   저는 한국직업능력개발원 ○○○ 연구원입니다.

나   무슨 일이시죠?

연구원   특수교육 대상 학생을 위한 진로상담 매뉴얼을 만
         드는 연구를 시작하는데요, 연구협력진으로 참여해
         주실 수 있는지 여쭤 보려고 전화를 드렸습니다.

나   아, 정확히 어떤 내용인지 잘 몰라서 바로 결정하기
         는 어려울 것 같습니다. 그런데 제가 생각하는 내용
         과 맞는다면 할 수 있을 듯합니다. 대학원 논문도
         장애 학생 진로상담 관련 주제거든요.

연구원   다행이네요, 자세한 내용은 제가 메일로 안내해 드
         리겠습니다.

나   그럼 메일 확인하고 교장선생님께 말씀드리고 허락

받은 후에 바로 연락을 드리겠습니다.

처음 연락을 받았을 때는 보이스피싱인 줄 알았다. 전화번호도 등록이 안 되어 있었고, 한국직업능력개발원에서 나에게 연락을 줄 이유가 없었기 때문이다. 그런데 나중에 알아보니 국립특수교육원에 연구사로 파견 가 있던 동료 선생님이 해당 연구에 연구협력진으로 추천했던 것이었다.

당시에는 학교 연구부장으로 바쁘기도 했고, 논문을 쓰고 있던 시기여서 참여하기가 어려울 것 같았다. 그리고 다른 어떤 상황과 여건보다 그런 중요하고 큰 사업에 참여할 만한 준비가 되지 않았다는 생각이 커서 거절을 할까도 생각했다. 장애 학생의 진로상담을 주제로 논문을 쓰고 있기는 했지만 그런 매뉴얼을 만들기에는 능력도 부족하고 아직 한참 더 배워야 한다고 생각하고 있었다. 자신감이 없었던 것이다. 하지만 그런 생각이 들었다.

'지금 아니면 언제, 어떻게 이런 일에 참여할 수 있을까.'

일단 허락하고 그다음을 걱정하기로 했다.

실제로 위 프로젝트에 연구협력진으로 참여하는 것은 쉽지 않았다. 여수에서 서울까지 출장을 다니는 것도 쉽지 않았으며, 관련 내용을 이해하고 검토하는 것뿐만 아니라 진로상담 프로그램을 만들어 파일럿 테스트까지 돌려야 했다. 또한 취업 사례들과 관련 정보들을 수집하는 것도 쉽지 않은 작업이었다. 하지만 모든 과정을 마무리하고 결과물을 받아 들었을 때는 이루 말할 수 없는 성취감과 보람을 느낄 수 있었다. 특수교사로서 한 단계 도약한 듯한 기분이

들었다.

　교직생활을 하다 보면 학교 업무 이외에 상급기관이나 관련기관에서 수행하는 사업들에 참여할 수 있는 기회가 많이 생긴다. 또한 교과연구회나 동아리 활동, 대학원 공부 등 관련 분야에 대한 공부를 시작한다면 그 기회는 더 많아질 것이다. 처음 활동을 시작하는 것은 어렵겠지만, 한번 시작하면 더 많은 활동 기회를 얻을 수 있다. 그렇게 활동을 하다 보면 학교 업무 이외에 추가로 해야 하는 일들이므로 시간적으로 부족하고, 다른 동료 특수교사보다 바쁘게 생활해야 할 수도 있다. 때로는 이렇게까지 바쁘게 살아야 할 필요가 있을까 하는 생각이 들기도 한다. 결과적으로 학교 내에서든 학교 밖에서든 새로운 일에 참여한다는 것은 교사에게 쉽지 않은 새로운 도전인 셈이다.

　그렇지만 이 과정에서 분명히 얻는 것이 있다. 스스로 생각할 때는 준비가 덜 된 것 같고, 개인의 역량이 다른 사람들보다 부족해서 주어진 일을 감당하지 못할 것이라 생각할 수도 있지만 사실은 그렇지 않다. 저기 앞에 가는 교사와 나와의 차이는 능력에 있는 것이 아니라 시작한 것과 시작하지 않은 것의 차이일 뿐이다. 이렇게 생각해 보면 어떨까.

　'무슨 일이든지 잘하려고 하기보다 하는 것이 중요하다.'
　'열심히 하는 것보다 꾸준히 하는 것이 중요하다.'
　'준비될 때를 기다리는 것보다 시작하는 것이 중요하다.'

우리는 어떤 일을 시작할 때, 가령 새로운 수업 기법을 적용해 보거나 문제행동 중재를 시도할 때, 잘하려고 한다. 좋을 결과가 나와야 한다는 사고에 얽매여 있는 것이다. 그래서 시작하는 것이 어렵고, 도전하는 것이 두려워진다. 생각은 있었지만 실천으로 옮기지 못하고, 그 생각들을 흘려보내고 만다. 그렇기 때문에 잘하려고, 성공만 하려고 계산하지 말고 그냥 시작해 보는 것이 중요하다. 일단 시작하면 문제점들이 나오고, 그 문제들을 해결해 가는 과정에서 무엇인가 배움을 발견할 수 있다. 결과는 그다음 문제이다.

또한 처음부터 열심히 하려고 애쓰지 않아야 한다.

예를 들어, 방학 때 VR 활용 연수를 들었다고 2학기 때부터 VR 활용 수업만 열심히 하면 교사가 먼저 그 수업에 흥미를 잃고 지쳐버린다. 자칫하면 앞으로의 수업에서 VR 자체를 배제해 버릴 수도 있다.

무엇인가 열심히 하려고 애쓰다 보면 금방 지치기 십상이고 나중에는 그것을 끝까지 이끌고 갈 힘이 부족해진다. 따라서 무조건 열심히 하는 것보다 조금씩이지만 꾸준히 하는 것이 중요하다. 마치 두꺼운 책 한 권을 화장실에 두고 틈틈이 읽다 보니 다 읽어 낸 것처럼.

가장 중요한 것은 준비될 때를 기다리는 것보다 시작하는 것이다.

우리가 어떤 것을 섣불리 시작하지 못하는 이유는 교사 스스로 그 분야에 대한 준비가 덜 되어 있다고 생각하기 때문일 수 있다. 그런데 이렇게 생각해 보자.

'그럼 언제 완벽하게 준비가 될까?'

사실 완벽한 준비라는 것은 없는 개념일 것이다. 완벽에 가까운 준비라면 모를까 완벽한 준비라는 것은 없다. 만약 신이 있다면 세상 모든 지식과 자원, 모든 경우의 수를 고려해 완벽한 준비를 할 수 있을지도 모르겠다. 그렇지 않다면 결국 모든 사람은 준비하고 있는 과정에 있지, 완벽하게 준비된 결과에 있다고 말하기는 어렵다.

따라서 준비될 때를 기다리지 말고 시작해야 한다. 최소한 내가 관심을 가지고 있는 분야라면, 내가 공부하고 있는 과제와 비슷하다면 그런 제안이 있거나 기회가 왔을 때 과감하게 도전해야 한다. 혹시 내 역량이 부족하다고 판단되는가? 그렇다면 시작한 이후에 걱정하면서 부족한 부분을 채워 가면 된다. 여러 사정으로 인해 만족할 만한 결과가 나오지 않았다고 실망할 필요도 없다. 그 과정 속에도 배움은 분명이 있으며 성취감과 보람을 얻는 것은 물론이거니와 그것을 넘어 곧 특수교사로서 실력을 쌓을 수 있다.

실력 있는 특수교사가 되고 싶은가? 어제보다 오늘 더 성장하고 싶은가? 그렇다면 답은 간단하다. 지금 시작하면 된다.

#특수교사의 질문!
기회는 준비된 자에게만 오는 것이 아니라, 모두에게 온다.
단지 그것을 잡은 사람과 잡지 못한 사람만 있을 뿐이다.

3.

특수교사, 장애 학생에 대하여

어떤 사실을 안다고 생각할 때는
그것을 다른 시각에서 봐 보렴.
틀리고, 바보 같을지라도 시도해 봐야 해.
과감하게 부딪쳐 새로운 세계를 찾거라.

_〈죽은 시인의 사회〉 중에서

사랑은
똑같이,
방법은
다르게

누구에게나 선호하는 것은 있다. 김치는 먹더라도 묵은 김치를 좋아하는 사람이 있는가 하면, 갓 담은 김치를 좋아하는 사람도 있다. 운동을 할 때도 마찬가지다. 똑같은 구기 종목이라도 어떤 사람은 테니스를 좋아하고 다른 사람은 스쿼시를 좋아한다. 그것은 맞고 틀림의 문제가 아니라 서로 다름의 문제이고, 우리는 그것을 존중하고 인정해 준다.

이러한 차이는 사람을 만날 때도 나타난다. 10년 만에 만난 친구인데도 어제 보고 오늘 또 만난 것처럼 친근하고 편안해서 계속 함께하고 싶은 친구가 있는가 하면, 매일 보는데도 어색하고 불편해서 빨리 헤어지고 싶은 친구가 있다. 이것 또한 그 사람의 성격이나 인성의 문제가 아니라 개인의 성향에 따른 선호도 차이일 것이다.

교사가 학생들을 대할 때도 이런 차이가 있을까?

결론부터 말하자면 교사가 학생들을 대할 때도 이런 차이가 있다. 특별히 어떤 것을 하지 않아도 예쁨이 묻어나는 학생이 있고, 적극적이고 활발하며 교사를 많이 도와주는 학생이라 할지라도 애정이 덜 가는 학생이 있다. 이것은 교사도 인간이기에 어쩔 수 없는 부분일 것이다. 부모와 자식 간에 '열 손가락 깨물어 안 아픈 손가락 없지만, 덜 아픈 손가락은 있다'고 말하듯이.

그러나 이 역시 교사는 경계해야 한다. 교사와 학생의 관계를 단순히 사람과 사람의 관점에서 이야기한다면 문제가 되지 않겠지만 교육이라는 관점에서 이야기하면 이것은 큰 문제를 야기할 수 있다. 그것 자체가 차별이 될 수 있기 때문이다. 특히 장애 학생의 경우 특수교사의 관심과 애정, 적극적인 관여는 장애 학생 행동 변화에 큰 영향을 미치기 때문에 더욱 경계해야 한다. 가령, 특수교사의 적극적인 관찰과 중재로 문제행동에 긍정적인 변화가 생기기도 하지만, 그렇지 않을 때에는 오히려 방치될 수 있는 가능성도 있다. 그러므로 학생 개개인에 대한 특수교사의 감정적 차별이 교육활동에까지 들어오는 것은 굉장히 위험한 것이다. 그래서 교사가 학생들을 대할 때 가져야 할 태도에 대해 이런 말을 쓰곤 한다.

'사랑은 똑같이, 방법은 다르게.'

교사는 내가 맡은 학생들을 대할 때 차별하지 않고 똑같이 대하고 있는지, 그러면서 학생 한 명 한 명에 대한 마음들을 헤아리며 개별적으로 접근하고 있는지 살펴야 한다. 특히 특수교육에서는 더욱 그렇다. 특수교육에서 가장 중요한 것이 개별화 교육이기 때문이다. 특수교육은 장애 학생의 필요와 요구, 특성에 맞춘 맞춤형 교육이다. 그리고 그것은 학생마다 다른 교육 계획과 교수·학습 방법, 특수교육 서비스로 나타나게 된다.

이를테면 장애 학생에 대해 IEP를 수립하려면 개별 학생들의 수준과 특성을 파악해야 하며, 이를 위해 정확한 관찰이 우선시된다.

이 과정에서 여러 영역에 대한 관찰평가와 함께 검증된 체크리스트(예를 들어 ABC차트)를 사용하게 되는데, 학생 생활 전반을 관찰하고 기록하는 것이 중요하다. 그리고 관찰과 체크리스트, 그 외 다양한 경로를 통해 모아진 데이터를 해석하는 것으로 장애 학생에게 필요한 교육적 요구를 분석해 낼 수 있고, 이를 바탕으로 IEP를 수립할 수 있다.

특수교사에게 이와 같은 과정들은 매우 고되고 번거로운 일일 것이다. 그렇기 때문에 학생에 대한 특수교사의 애정이 없으면 시도하기 힘든 작업이 될 수도 있다. 하지만 특수교사가 이런 시도를 할 때 장애 학생은 변화를 시작하게 된다. 그만큼 장애 학생들에 대한 특수교사의 사랑의 크기는 매우 중요하며, 따라서 감정적으로는 다를 수 있을지라도 교육적으로는 똑같이 사랑하기 위해서 노력해야 한다.

지금 나의 모습은 어떠한가. '사랑은 똑같이 방법은 다르게' 하고 있나, 아니면 '사랑은 다르게, 방법은 똑같이' 하고 있나, 스스로 돌아봐야 한다. 분명 학급을 운영하고, 수업을 하다 보면 더 예쁘고 사랑스런 학생들이 생겨난다. 그러면 그 감정에 충실하여 그 학생에게 애정 어린 눈빛 한 번 더 보내 주고, 손 한 번 더 잡아 준다. 심지어 내가 예뻐하는 학생이 팔짱을 끼려고 할 때는 옆구리를 허락해 주지만, 애정이 덜 가는 학생이 팔짱을 끼려고 하면 여러 가지 이유를 들어 제지한다. 물론 그것이 학생의 행동중재를 위해 취하는 교사의 태도일 수도 있겠으나, 교사 본인은 알 것이다. 그것이 교육 때문인지, 감정적 차별에서 비롯된 것인지.

이와 더불어 방법을 다르게 학생들을 가르치고 있는지를 생각해 보아야 할 것이다. 처음 특수교사로 학생들을 가르칠 때는 학생 한 명 한 명을 생각하면서 수업 방법을 수정하고 자료를 준비한다. 일과가 끝난 이후에도 수업 준비를 위해 바쁘게 생활한다. 그런데 시간이 지날수록 학생들의 배움을 중심에 두고 고민하는 것이 아니라 교사의 편의와 여유를 중심에 두고 수업을 고민하는 자신을 발견하곤 한다. 내가 맡은 모든 학생들의 학습 능력과 교육적 요구를 고려하여 수업을 설계하기보다 교사에게 편한 수업, 지도하기 편한 내용, 학습 수준이 좋은 학생, 반응이 좋은 학생들을 중심에 두고 수업을 설계하는 경우도 없지 않다. 그러다 보면 피드백이 적은 학생들은 소외되는 경우가 많으며, 수업 방법이나 학습자료 제시, 학습활동에서 고려되지 못하는 경우가 많다. 따라서 특수교사는 모든 수업에서 전체 학생들을 고려할 수는 없을지라도, 교육적 경험이라는 측면에서 내가 맡은 모든 학생들이 꼭 필요한 경험이 제공될 수 있도록 다양한 수업 방법에 대해 계속해서 연구하고 실천해야 한다. 그랬을 때 내가 만난 장애 학생에게 필요한 교육적 경험을 가장 적절한 방법으로 가르칠 수 있다.

#특수교사의 질문!
나에게 덜 아픈 손가락이 있는가.
감정적으로 차별하고 있는 것은 아닌가 생각해 보자.

가능성을
믿나요?

네 마음은 어떠니?

"선생님, 정호가 기분이 안 좋대요."

"정호가 기분이 안 좋아? 민수는 어떻게 알았어?"

"감정날씨를 봤는데 정호는 짜증 난다고 붙였어요."

"정호가 아침에 등교할 때는 기분이 좋은 줄 알았는데 짜증 나는 일이 있었나 보구나. 민수가 정호의 감정날씨를 잘 읽었구나. 잘했어요."

"선생님, 그리고 유림이는 행복하대요. 또 오빠랑 치킨 먹었나 봐요."

"나도 치킨 좋아하는데… 동쌤 오늘 치킨 먹어요."

민수의 말을 듣고 유광이가 말했다.

"영광아, 오늘 급식 메뉴가 뭐니?"

"치킨 나와요."

내 말을 듣고 영광이 빠르게 학급 게시판에 가서 메뉴를 확인했다.

"좋아. 오늘 점심때 치킨을 특별히 더 많이 먹을 수 있도록 선생님 이름 말하고, 더 많이 달라고 하세요."

"아싸! 역시 동쌤이야."

유광이가 웃으며 대답했다.

오늘은 1교시부터 특별한 시간이 되었다. 드디어 우리 반 아이들 중 한 명이 다른 친구의 감정에 관심을 갖고 담임인 나에게 와서 말해 주었기 때문이다. 이것이 가능했던 이유는 바로 감정날씨 게시판 덕분이다.

우리 반은 등교를 하면 환경정리 코너에 설치되어 있는 감정날씨 게시판에 오늘 아침 자신의 감정을 붙이도록 되어 있다. 거기에 아이들의 사진을 코팅해서 붙여 놓고 비치되어 있는 코팅된 감정카드를 선택하여 붙인다. 감정카드는 아이들이 자주 사용하는 카드 위주로 비치해 놓아서 되도록이면 자신의 감정에 맞는 카드를 선택할 수 있게 제시해 놓았다. 그리고 아이들은 등교하자마자 오늘 자신의 감정을 살펴보고 거기에 맞는 감정카드를 선택해서 자신의 사진 아래에 붙여 놓는다.

처음에는 아이들이 놀이하는 것처럼 아무 카드나 골라서 자기 사진 아래에 붙이거나 다른 친구 사진 아래에 붙여 놓았다. 그런데 반복해서 규칙을 설명해 주고 아이들의 감정과 카드에 의미를 더하여 이야기로 연결해 주었더니 어느 순간 자신의 감정에 알맞은 감정카드를 선택해서 붙여 놓을 수 있게 되었다. 하지만 여전히 장난을 하는 친구들도 있다.

지적장애, 자폐성장애 학생들이 모여 있는 특수학교 현장에서 어떤 학생이 다른 학생의 감정에 관심을 갖거나 그 감정을 다른 사람에게 전달하는 광경을 보기란 쉽지 않다. 그런데 오늘 민수가 정호와 유림이의 아침 감정날씨를 보고 담임인 나에게 알려 주었다. 깜짝 놀랄 수밖에 없었다. 요즈음 아이들은 자기들 밖에 모르고 자기가 제일 힘든 줄로만 안다. 그래서 다른 사람이 어떤 환경에 처해 있는지, 어떤 감정 상태인지 알려 하지 않는다고 말한다. 더욱이 장애를 가지고 있는 아이들의 경우 다른 사람들에게 관심을 갖고 감정이나 기분을 살피며 배려하는 것은 더욱 어려운 일이다. 그리고 교사인 나 스스로도 장애 학생들이 다른 사람의 감정을 살피고 공감하는 것은 필요하지만 과연 교육을 통해 장애 학생들이 다른 사람의 감정을 살피는 것이 가능할까라는 의구심을 가지고 있었다.

그런데 오늘 민수가 처음으로 가능성을 보여 주었다. 물론 다른 아이들보다 언어적 의사소통 능력이 뛰어나고 일상생활 능력도 뛰어난 편에 속한다. 그리고 다른 친구의 오늘 감정이 중요했다기보다 그 상황을 담임인 나에게 말해 주고 칭찬받고 싶어서 그랬을 수도 있다. 그러나 민수도 전형적인 지적장애 학생으로 감정에 대한 이해와 표현능력이 부족하고 타인에 대한 공감능력이 떨어지는 학생이다. 그런 학생이 어떤 이유에서인지 오늘 아침 다른 친구의 감정이 어떤지 살피고 나에게 와서 말해 주었다. 그것만으로도 우리 아이들의 가능성을 볼 수 있었다.

교사인 내가 수업뿐 아니라 생활지도에서도 감성에 대한 관심을 높이고 아이들이 자신의 감정에 흠뻑 빠져 보고 표현할 수 있는 분위기와 환경을 만들어 준다면 장애를 가진 우리 아이들도 나의 감정, 너의 감정, 우리의 감정을 공감할 수 있다. 그 공감의 수준이 우리가 일반적으로 생각하는 공감의 수준 또는 그 이상의 수준은 분명 아니다. 때에 따라서는 공감이라기보다 단순히 다른 사람의 감정을 반복해서 말하는 것에 지나지 않을 수도 있다. 중요한 것은 아이들이 얼마나 우리가 요구하는 수준으로 공감할 수 있느냐가 아니라 타인에 대해 관심을 갖고, 나아가 타인의 감정에 호기심을 보일 수 있다는 것이다.

만약 내가 우리 아이들의 가능성을 믿지 않고, 시도하지 않았다면 우리 아이들은 어떻게 되었을까. 당장 큰 사고를 당하거나 신변에 어떤 변화가 생기지는 않았을 것이다. 하지만 민수가 보여 준 가능성 또한 발견하지 못했을 것이다. 어쩌면 다른 친구의 슬픔은 없는, 나만 즐거운 폭력적인 교실 속에서 똑같은 한 해를 보내게 되었을 수도 있다.

"네 마음은 어떠니?" 교사인 내가 먼저 물어볼 수 있는 교실. 거기에서 평화가 시작된다.

_수업일기 중에서

\#특수교사의 질문!

　모든 장애 학생들은 성장 가능성을 가지고 있다.

　나는 그것에 대한 믿음을 가지고,

　그것을 발견하기 위해 도전하고 있는가?

특수교사의
창의성

중2학년 감정카드 활용 수업

"수업을 시작하기 전에 먼저 여러분들의 지금 감정이 어떤지 표현해 보는 활동을 하겠어요."

감정카드를 나눠 주자 학생들은 요리조리 만져 보며 감정카드를 살핀다.

"선생님이 나눠 준 감정카드를 보고 지금 여러분의 마음이 어떤지 말해도 되고, 말하기 어려운 친구는 카드를 꺼내서 친구들을 보여 줘도 됩니다."

"선생님, 단어가 많아서 어떤 말을 해야 할지 모르겠어요."

"류시혁! 아무거나 꺼내서 말하면 되잖아."

슬기가 시혁이를 쏘아붙이며 말했다.

"슬기야, 친구에게는 친절하게 말해야지. 그리고 처음 보는 단어들이라 모를 수도 있어. 그럼 우리 빙고 게임을 하면서 감정을 나타내는 단어는 어떤 것들이 있는지 살펴보자."

"네!"

빙고판이 두 개 그려진 A4 용지를 한 장 씩 나눠 준다.

"자, 빙고 한 칸에 단어 하나씩 써 넣으면 게임 준비가 끝납니다. 먼저 왼쪽 빙고판에 단어를 써 넣으면 됩니다."

"선생님, 너무 어려워요."

글씨를 잘 쓰지 못하는 시혁이가 말했다.

"이렇게 카드를 옆에 놓고 쓰면 되지."

"그래, 슬기가 말한 것처럼 카드를 옆에 놓고 보고 쓰면 돼요."

그때 갑자가 시혁이가 A4 용지를 절반으로 접어서 빙고 판을 쓰기 시작했다.

"이야, 시혁아~ 어떻게 종이를 반으로 접을 생각을 했어?"

"네? 그냥 접었어요. 그럼 쓰기 편하잖아요."

"오, 류시혁. 나도 접어서 써야겠다."

시혁이가 한 것처럼 슬기도 종이를 반으로 접기 시작했다.

"우리 시혁이가 창의성이 뛰어나네, 선생님은 접어서 쓸 생각을 못했는데. 그렇게 하면 헷갈리지 않고 적을 수 있겠다."

이전까지 장애 학생들의 창의성에 대해서 생각해 본 적이 없었다. 창의성 교육의 중요성에 대해서 말하지만 특수 교육에서는 창의성보다 기능 중심 교육이 중요하다고 생각했기 때문에 창의성이 있고 없고는 중요하지 않았다. 그런데 시혁이를 보면서 장애 학생에게도 창의성이 있을 수 있다는 생각이 들었다. 창의성을 보편적 시각에서 독창적인 문제 해결 능력이나 혁명, 비판적 사고, 새로운 의사소통 체계 등으로 본다면 장애 학생에게 창의성은 없다고 평가할 수 있다. 그러나 장애 학생의 관점에서 새로운 접근과 행동을 보였다면 장애 학생의 시각에서 그런 것도 창의성이 될 수도 있지 않을까? 일반적으로 볼 때는 평범한 것이고, 전혀 창의적이 않을 수 있지만 장애 학생의 관점에는 그런 평범함도 창의성이 될 수 있다. 그래서 나는 장애 학생의 창의성에 대해 이렇게 정의하고 싶다.

'창의성이란 세상을 바라보는 순수한 눈이다.' 그런 모습이 우리 아이들에게 있다면 우리 아이들도 충분히 창의적일 수 있을 것이다.

_2018년 수업일기 중에서

빙고 게임

특수교육에서 특히, 지적장애 학생들을 가르치는 특수학교의 특수교사가 장애 학생의 창의성에 대해 고민한다는 것은 매우 특별한 일이라고 생각한다. 왜냐하면 창의성을 논하기에 앞서 기본 생활습관을 형성하기 위해 노력해야 하며, 자립생활에 필요한 것을 배워야 하고 삶으로 일반화시켜야 하기 때문이다. 그러다 보면 눈에 보이지 않는 창의성이라는 것에 초점을 맞추기보다 지금 당장 익히고 숙달해야 하는, 눈에 보이는 일상생활 기술 등에 더 집중할 수밖에 없다. 그리고 그것은 장애 학생들의 삶에 직접적인 영향을 미치기 때문에 눈에 보이지 않는 창의성이라는 추상적인 것에 관심을 갖기도, 집중적으로 다뤄 주기도 쉽지 않은 것이 사실이다.

특수교사에게 있어 장애 학생에게 창의성이 있느냐, 없느냐를 평가하는 것은 그렇게 중요한 문제가 아닐 수 있다. 오히려 장애 학생들을 가르치는 특수교사의 창의적인 시각에 따라 내가 맡고 있는 학생이 창의적일수도, 그렇지 않을 수도 있다.

위의 사례에 나온 것처럼 시혁이가 종이를 반으로 접는 행동을 보고 창의적이라고 칭찬해 주고 가치를 부여해 주면 시혁이는 창의적인 학생이 될 수 있다. 하지만 그 행동에 아무런 가치를 부여하지 않는다면 그 행동은 특별한 것이 없는 무의미한 행동으로 사라져 버린다. 이처럼 특수교사의 창의적인 시각에 따라 내가 맡고 있는 장애 학생은 전혀 다르게 평가될 수 있다.

따라서 특수교사는 자신의 창의성에 대한 고민이 더 필요하다. 장애 학생들이 개개인마다 가지고 있는 특별한 무언가를 발견해 낼 수 있는 특수교사의 창의성, 즉 장애 학생들이 가지고 있는 무언가를 발견해 낼 수 있는 새로운 시각, 순수한 눈을 특수교사가 가지고 있는지에 대한 고민이 필요한 것이다.

　장애 학생들이 보이는 행동 양식이나 학습의 결과물은 일반인들이 볼 때 전혀 특별하지 않을 수 있다. 만약 장애 학생들이 오늘 보인 어떤 행동에 대해 그것을 당연하게 여기거나 또는 그것들을 문제행동 내지, 배웠기 때문에 당연히 보여야 할 변화 정도로 생각한다면 장애 학생들은 늘 제자리인 것처럼 보일 수밖에 없다. 그것은 특수교사의 시선에서도 마찬가지다. 그렇기 때문에 일상적인 것을 일상적으로 보지 않고, 당연한 것을 당연하게 여기지 않을 수 있는 창의성이 필요하다. 우리 학생들만의 특별함을 인식하고 찾아낼 수 있는 특수교사의 새로운 시각과 순수한 눈이 있어야 한다. 특수교사에게는 그런 창의성이 필요한 것이다.

> 어떤 사실을 안다고 생각할 때는
> 그것을 다른 시각에서 봐 보렴.
> 틀리고, 바보 같을지라도 시도해 봐야 해.
> 과감하게 부딪쳐 새로운 세계를 찾거라.
>
> _〈죽은 시인의 사회〉 중에서

　장애 학생에 대해 가장 잘 아는 사람은 그 학생을 맡고 있는 특수교사다. 그리고 장애 학생의 능력과 가능성에 대해 가장 잘 아는 사람도 특수교사다. 그러나 이 사실을 자각했을 때 한 번쯤은 다른 시각에서 바라보는 것도 필요하다. 왜냐하면 잘 알고 있다고 생각하는 순간, 새로운 것이 보이기보다 내가 알고 있던 것, 내 예상 범위에 있는 것만 보일 수 있기 때문이다.

특수교사는 순수한 눈으로 새로운 시각에서 살펴보고, 틀리고 바보 같을 수도 있지만 시도해 보고, 과감하게 부딪쳐 보아야 한다. 그랬을 때 장애 학생이 지닌 창의성과 특별함을 하나 더 찾아낼 수 있을 것이다.

#특수교사의 질문!
세상을 바라보는 순수한 눈, 창의성!
특수교사인 나는 창의적으로 장애 학생을 바라보고 있는가?

할 수 있는 것이
많지 않다고
좋아하는 것이
많지 않은 것은 아니다

과학 수업 후 쉬는 시간

영진이 얼굴을 보니 피곤한 기색이 역력하다.

"영진아, 너 어제 또 늦게 잤지? 늦은 시간까지 뭐 했어?"

"챔피언스리그 손흥민 경기 봤어요. 제가 볼 때 어제 경기는 몸도 무겁고, 다른 날보다 날카로운 킬 패스도 잘 안 나오더라고요."

어눌하며 느린 말투로 어제 본 손흥민 출전 경기에 대해 설명했다

"이야~ 영진이 너 축구에 대해서 많이 알고 있나 보구나."

"당연하죠, 제 꿈이 축구해설가인데. 요즈음에 유튜브 영상 보면서, 축구 해설 따라 해 보고 있어요."

"그럼 나중에 축구 해설하는 것도 한번 보여 줄래?"

"좋죠, 유튜브만 틀어 주세요."

영진이는 가벼운 지체장애와 지적장애가 있는 학생이다.

어눌하고 느린 말투, 느린 행동 때문인지 힘이 없어 보이고, 활력도 부족해 보이는 학생이다. 의외의 모습이 있다면 친구들과 선생님을 좋아하고 매우 귀엽다는 것이다. 하지만 모든 일에 적극적이지는 않기 때문에 존재감이 높지는 않았다. 그래서 처음 영진이를 보았을 때 무기력한 학생으로 평가했다.

반전은 축구에 대한 이야기가 나왔을 때 눈빛이 달라진다는 것이다. 눈만 감으면 잘 것 같았는데 축구에 대한 이야기가 나오니 쉼 없이 말을 쏟아낸다. 그렇다고 이 학생이 축구를 잘하거나 체육시간을 좋아하는 것도 아니었다. 쉬는 시간이면 귀에 이어폰을 꽂고 유튜브를 보거나 음악을 들었다. 겉모습을 보면 체육과는 거리가 먼 학생이라는 것을 단번에 알아차릴 수 있을 정도였다. 그런데 축구를 좋아한다고? 그것도 축구경기를 분석하고 해설하는 것을 좋아한다고? 지적장애 학생이?

그때 생각했다. 장애 학생들도 좋아하는 것이 있다. 장애 때문에 할 수 있는 것이 많지 않지만 그렇다고 좋아하는 것이 많지 않은 것은 아니었다. 장애가 있기 때문에 좋아하는 것도 적을 거라는 생각은 전적으로 나의 편견이었다.

특수학교에서 장애 학생들을 가르치면서 학생들이 할 수 있는 것과 할 수 없는 것 또는 하기 어려운 것을 분석해 내고 그것을 바탕으로 성공에 대한 경험을 주기 위해 할 수 없는 것은 고려하지 않는 편이었다. 그래서 교육과정을 재구성하거나 학급 특색 교육활동 등을 계획할 때 학생들이 어떤 것에 관심을 갖는지, 어떤 것을 좋아하는지보다 할 수 있는 것과 필요한 것만 고려했다. 그렇게 하는 것이 특수교사가 장애 학생들에게 제공할 수 있는 최선의 교육 경험이라고 생각했다. 혹시라도 학생들이 흥미를 보이지 않거나 활동 자체에 관심이 없으면 '장애가 있으니 어쩔 수 없어', '충분히 재미를 느끼고 있지만 장애 때문에 표현을 못하고 있는 것뿐이야'라고 생각했다.

그런데 어쩌면 그렇지 않을 수도 있겠다는 생각이 들었다. 장애 때문이 아니라 정말 흥미가 없을 수도 있다. 취향에 맞지 않거나 별로 좋아하는 활동이 아니라서 활동에 적극적이지 않을 수도 있겠다는 생각이 들었다.

장애 학생들도 분명 자신이 좋아하는 분야가 있고, 좋아하는 활동이 있다. 어떤 학생은 색칠하는 것을 좋아하고, 어떤 학생은 음악 듣는 것을 좋아한다. 음악을 들을 때도 어떤 학생은 동요만 좋아하고, 어떤 학생은 성인가요를 좋아하기도 한다.

장애가 있다고 하면 관심을 갖는 것도, 좋아하는 것도 비슷할 거라고, 심지어 좋아하는 것도 그렇게 많지 않을 것이라 생각할 수도 있다.

하지만 할 수 있는 것이 많지 않다고 좋아하는 것이 많지 않은 것은 아니다. 장애가 있어도 좋아하는 것이 많고, 다양할 수 있다. 단지 그것에 대해 표현을 잘 못하거나, 표현할 기회가 없었을 뿐이다.

특수교사는 다양한 콘텐츠와 교육활동들을 시도해 보아야 한다. 혹시 학생들에게 제시한 콘텐츠가 잘 맞지 않을 수도 있고, 활동을 제대로 수행할 수 없을 수도 있다. 하지만 이러한 시도들을 통해 무엇에 흥미를 느끼고, 어떤 것을 좋아하고 싫어하는지 파악해 낼 수 있다. 스마트폰을 제대로 사용하지 못할지라도 사진은 찍을 수도 있다. 자료 검색은 못하더라도 좋아하는 음악을 찾아 들을 수는 있다. 프로그래밍은 못하더라도 피지컬로봇 자체를 좋아할 수는 있다. 독서토론은 못하더라도 책에 들어 있는 그림을 좋아할 수는 있다.

중요한 것은 할 수 있느냐 없느냐를 판단하기 전에 장애 학생들에게도 각자의 취향이 있고 좋아하는 것이 있음을 인정하고 그것을 찾아내 주는 것이다. 특수교사가 그것들을 고려해 교육과정을 재구성하고 교육활동들을 계획한다면 학생들에게 훨씬 재미있고 흥미로운 학교생활과 활동을 만들어 줄 수 있을 것이다.

#특수교사의 질문!
할 수 있는 것이 많지 않다고
좋아하는 것이 많지 않은 것은 아니다.

학생들이
할 수 없다고
교사까지
몰라도 되는 것은
아니다

A상황: 독서·토론 관련 교사 연수 중

김 교사 내용이 좋긴 한데 우리 애들한테 적용할 수 있을까? 너무 어려운 거 아니에요?

이 교사 맞아요, 특수학교에는 잘 안 맞는 거 같아. 한 반에 말할 수 있는 아이들이 한두 명인데 어떻게 토론 수업을 해. 특수학교 상황을 잘 모르고 말하는 것 같네.

김 교사 글씨를 읽을 수 있는 학생들이 한두 명인데 독서를 하는 것 자체가 무리네요.

이 교사 우리 학교에서는 독서·토론 수업은 어려울 것 같네. 나는 좀 있다가 나가려고.

김 교사 저도 좀만 있다가 나가야겠네요

B상황: 하브루타 교사 연수 중

나 교사 요즈음 하브루타 수업이 일반 초등학교에는 엄청 유행하더라고요.

정 교사 　맞아요, 그래서 저도 관심이 있어서 연수를 들으러 왔는데 특수학교에서 하기에는 어려운 점이 너무 많네요. 한 반에 말할 수 있는 친구들이 한두 명이라서 토론은 둘째치고 의사소통도 어려우니까요.

나 교사 　아무래도 지적장애 특수학교는 어렵겠죠. 인지수준이 좋은 감각장애 학교에서는 충분히 해 볼 수 있을 것 같아요.

정 교사 　근데, 질문 만드는 방법이나 반응을 이끌어 내는 기법들을 보면 특수학교에서도 활용할 수 있는 요소들은 좀 있는 것 같아요. 조금만 수정하면 강사 선생님이 말한 방법은 똑같이 못하겠지만 비슷하게는 해 볼 수 있을 것 같아요. 다른 수업에 응용할 수도 있을 것 같고요.

나 교사 　맞아요. 보니까, 질문 목록을 만들어 놓고 학생들이 선택할 수 있게 하는 것도 좋은 것 같고, 포스트잇을 이용해서 의견을 제시하는 것도 좋은 것 같네요. 좀만 고민해 보면 해 볼 수도 있을 것 같네요.

새로운 교수법이나 자료를 만났을 때 어떤 생각을 먼저 하는가? '재미는 있지만 장애 학생들에게는 어려울 것 같아.' 또는 '어렵긴 한데 좀만 연구하면 적용하는 방법을 찾을 수 있을 것 같아.' 위 두 상황을 보면 연수 내용 모두 지적장애 특수학교에 적용해 보기 어려운 방법들이다. 한 반에 6명이 있다고 가정했을 때 글을 읽고 쓸 수 있는 학생들이 한두 명뿐이고, 세 명이면 학습 환경이 굉장히 양호한 반으로 통한다. 그런데 여기서 읽고 쓴다는 것은 일반적으로 생각하는 것처럼 작문을 하거나, 두꺼운 책들을 쭉쭉 읽어 내는 수준을 말하는 것이 아니다. 더듬더듬 단어를 읽어 내는 학생, 옆에 책을 두고 따라 쓰는 학생들까지 포함한 수준을 말한다. 따라서 비판적글 읽기나, 추측하며 읽기 활동 등은 상상할 수 없는 활동이 될 수있다. 그런 상황에서 독서·토론 수업, 하브루타 수업 등은 일반 교육에서는 충분히 효과적이고, 유행할 수 있지만 특수교육에서는 그 파급력이 크지 않다. 오히려 장애 학생들의 인지수준, 학습수준을 고려했을 때 학습 참여나 효과를 떨어뜨릴 수 있는 방법이 될 수도 있다. 마찬가지로 학생들의 자기주도적 학습과 문제 해결력을 높이기위한 문제 중심 학습이나 프로젝트 수업, 플립러닝 등도 특수교사에게 충분한 흥미를 불러일으킬 수 있으나 교실수업 장면에서 적극적으로 적용해 보기에는 어려움이 많다.

그렇다면 특수교사는 위에 언급된 수업 방법을 몰라도 될까. 어떻게 생각하면 장애 학생들의 경우, 특히 지적장애 학생들의 경우 이런 수업을 하기 어려울뿐더러 기능 자체에 한계가 있기 때문에 다양한 수업보다 학생들이 익숙한 형태의 수업, 이를테면 직접교수법과 같은 방법이 가장 효과적일 수 있다. 그러나 학생들이 그 수업형태를 따라올 수 없다고 교사까지 그 수업에 대해 몰라도 되는 것은아니다. 오히려 그런 수업들에 대해 더 많은 관심을 가지고 꾸준히연구해 볼 필요가 있다.

예를 들어 플립러닝의 경우 교사가 디딤영상을 학교 홈페이지나

SNS에 게시하면 학생들은 그 영상을 보고 선행학습을 해 와야 한다. 그리고 수업 시간에는 디딤영상을 통해 학습한 내용을 바탕으로 과제를 설정하고 과제 해결을 위한 방안을 스스로 찾아내야 한다. 이런 수업의 과정을 장애 학생들에게 똑같이 적용하기는 어렵다. 만약 이런 형태로 수업을 진행하면 그 수업에 참여할 수 있는 장애 학생은 한 명도 없을 것이다.

그런데 디딤영상을 가정에서 학습하는 것이 아니라 쉬는 시간에 함께 보면 어떨까. 새로운 과제를 해결하는 것이 아니라 디딤영상에 제시된 내용에서 어떤 것이 기억에 남는지 말해 보거나 단어카드, 그림카드를 이용해서 표현해 보면 어떨까. 그리고 거기에서 말한 내용이나 단어 등을 가지고 수업을 이끌어 가면 어떨까.

우리가 일반적으로 알고 있는 플립러닝의 형태로 수업을 디자인하고 이끌어 갈 수는 없겠지만 내가 맡고 있는 장애 학생들의 수준과 특성에 맞게 디딤영상을 제작하고, 제시 순서를 바꿔 보거나 참여 형태를 수정해서 적용하면 플립러닝과 비슷한 형태로 수업을 이끌어 갈 수 있다. 물론 장애 학생 스스로 디딤영상을 찾아보지 않고 친구들과 함께 영상을 봐야 할 때가 대부분이고, 특수교사의 적극적인 도움을 받아야 과제를 겨우 해결할 수 있다. 하지만 이와 같이 수정된 플립러닝 수업이라 할지라도 장애 학생은 기존과는 다른 형태의 활동과 과제를 만날 수 있으며, 간접적으로나마 협동학습을 경험할 수 있다(자세한 내용은 4장에서 풀기로 하자).

그렇기 때문에 현재의 장애 학생들에게 다양한 수업을 적용하기 어렵다고 해서 특수교사까지 몰라도 되는 것은 아니다. 더 자세하게 알아야 한다. 그래야만 내가 맡고 있는 학생들에게 적용할 수 있는 방법들을 찾아낼 수 있다. 전혀 그 수업을 적용할 수 없다 하더라도, 그 수업에서 어떤 효과적인 수업 기법이나 장애 학생들에게 활용하기 좋은 교구, 교재를 발견할 수도 있다.

특수교사는 내가 맡고 있는 장애 학생이 할 수 있고, 없고를 고려하기에 앞서 교사로서 다양한 수업에 대해 관심을 가져야 한다. 당장은 활용하기 어려운 수업 방법이라 하더라도 관련 자료들을 찾아보고 적용할 수 있는 방안들을 지속적으로 연구해 보아야 한다. 그랬을 때 내 수업이 변화하고, 성장할 수 있으며 내가 맡고 있는 장애 학생들에게도 다양한 교육적 경험과 생기 넘치는 수업, 배움을 제공할 수 있다.

학생들이 할 수 없다고 교사까지 몰라도 되는 것은 아니다!

#특수교사의 질문!
새로운 수업 방법, 자료 등을 만났을 때
선생님은 장애를 먼저 생각하는가, 도전을 먼저 생각하는가?

4.

특수교사, 수업에 대하여

회화나 조각, 문학 등 예술 분야의 위대한 거장들은
돌, 종이, 잉크 같은 기본적이고 평범한 재료들로
매우 가치 있는 작품을 만들어 낸다.
이때 사용하는 도구가 보통 사람들은 주목하지 않는
아주 평범한 것이어서 이러한 연금술은 더더욱 놀랍다.
누가 끌, 작은 망치, 쇠줄에 주목할 것이며,
미켈란젤로가 이런 것으로 다비드 상을
만들 수 있었을 거라고 상상이나 하겠는가?
_『최고의 교사는 어떻게 가르치는가』중에서[6]

수업,
너란 녀석…

수업의 시작

장애 학생들과 수업을 하는 것은 정말 힘든 일이다. 다른 사람들은 특수교사가 육체적으로 힘들 것이라고 생각한다. 물론 그것이 틀린 말은 아니다. 하지만 절반만 맞는 말이다. 특수교사가 가장 힘든 것은 수업을 하면서 아이들과 상호작용이 거의 되지 않는다는 것이다.

높은 산을 힘겹게 올라가서도 가쁜 숨을 뒤로하고 환호성을 치는 이유는 그 환호가 메아리가 되어 다시 돌아오기 때문이다. 그런데 장애 학생들과 수업을 하는 것은 돌아오지 않는 메아리와 같다. 힘이 빠지는 것은 둘째 치고 정말 힘이 든다. 40분 되는 수업이 몇 시간 강의하는 것과 같이 힘들게 느껴지고, 어서 빨리 마침 종이 치기만을 기다리다가 종이 치면 뒤도 돌아보지 않고 수업을 끝낸다.

---

6. 더그 레모브(2014),『최고의 교사는 어떻게 가르치는가』, 해냄출판사.

교사로서 정말 슬픈 일이다.

콘서트를 하는 가수들을 보면 온몸이 땀에 흠뻑 젖어도 노래하는 것이 즐겁다고 말한다. 그 이유는 자신의 노래를 들어 주고 호응해 주는 팬들이 있기 때문에 그렇게 에너지를 쏟아도 지치지 않고 계속 노래를 부를 수 있다. 그런데 교사인 나는 수업을 더 하고 싶은 것이 아니라 빨리 끝나기만 기다리고 있다. 교사인 나로 인해 어떤 아이들은 인생이 달라질 터인데 정작 교사인 나는 그것이 힘들고 빨리 끝내고 싶은 마음뿐이다. 교사는 수업으로 말해야 하는데….

아, 수업, 너란 녀석 어찌해야 할까.

_2012년 수업일기 중에서

수업에 대하여

모든 교사에게 평생 숙제는 수업일 것이다. 특수교사도 예외는 아니다. 교육과정이 개정되고 적용되는 해라면 수업에 대한 압박은 더욱 심하다. 왜냐하면 기존 교육과정에 맞춰 교육과정을 재구성해서 수업했는데 이제는 새로운 교육과정의 구성 방향과 목적, 목표를 고려하여 수업을 운영해야 하기 때문이다. 특히 학생참여형 수업을 강조하면서 특수교육 현장에서도 학생참여를 위한 교육과정 재구성, 수업 방법에 대한 관심이 높아지고, 고민은 깊어졌다.

현재 특수교육 현장의 교실 수업을 보면 일반 교육에 비해 학생 참여가 굉장히 잘 이루어지고 있다고 생각한다. 인지수준이 높거나, 기능적인 부분에 강점이 있는 장애 학생들의 경우 자연스럽게 수업에 적극성을 보인다. 심지어 장애 정도가 심해 수업활동에 원활하게 참여하기 어려운 학생도 활동 방법이나 자료 수정 또는 보조 인력의 도움을 제공하여 수업에 참여시킨다. 이를 볼 때 장애 학생들의 자발적인 수업 참여는 장담할 수 없으나 특수교사의 입장에서 어떻게 해서든 학생들을 수업에 끌어들이기 위해서 많은 노력을 하고 있다. 그리고 이를 위해 여러 가지 수업 방법이나 매체, 자료 등을 연구하고 만들어 낸다.

그렇다고 특수교육에서 학생참여형 수업이 완벽하게 이루어지고 있다고 말하기는 어렵다. '참여'의 정도가 보통 행동적 참여에 그치는 경향이 높기 때문이다.

'학생참여형 수업'에서 '학생참여'는 학생이 학교나 학습활동에 능동적으로 관여하는 심리적 과정으로, 행동적·정서적·인지적 참여 세 유형의 관여를 포괄하는 개념으로 사용된다. 각각의 의미를 살펴보면 다음과 같다.

첫째, '행동적 참여'란 학생 수행과 동일한 것으로 간주되기도 하는 것으로, 수업에서 학급 규칙을 지키는 것과 같은 친사회적인 행동 지표와, 수업에서의 주의집중, 질문, 노력, 지속 등과 같은 학습활동에 대한 수행을 포함한다.

둘째, '정서적 참여'란 교실에 대한 학생들의 사회적·감정적·심리적인 애착과 정서적인 반응을 의미한다. 학습 목표와 관련된 학생들의 흥미, 행복감, 지루함, 두려움, 혹은 수업 전반에서 또래나 교사, 교실 전체에 대한 학생들의 소속감과 동일시, 유대 관계 등이 이에 포함된다.

셋째, '인지적 참여'란 학교교육에서 촉진하고자 하는 지식, 기능, 기술을 배우고 숙련하기 위한 학생들의 심리적 투자와 노력을 뜻한다. 요구 조건을 넘어서고자 하는 욕망, 문제 해결 과정에서의 융통성, 도전적인 과제에 대한 선호, 실패에 대한 긍정적인 대처 등이 이에 포함된다.[7]

학생참여의 개념을 살펴보면 특수교육 교실수업에서 궁극적으로 추구해야 하는 참여의 정도는 행동적 참여를 넘어 정서적 참여, 나아가 인지적 참여까지 이끌어 내야 한다고 말할 수 있다.

어렵다.

장애라는 것, 특히 지적장애, 정서장애 학생의 경우 행동적 참여도 어렵지만 장애의 특성상 정서적 참여, 인지적 참여까지 이끌어 내기는 더 어렵다. 그래서 특수교사는 수업에 대한 고민이 깊어진다. 물리적으로 수업에 들어오는 것을 기본으로 하되 수업에 집중하고 몰입할 수 있도록 계획하는 것뿐만 아니라 지식과 기능을 익히고 일상생활로까지 일반화시켜야 한다. 그런 수업은 어쩌면 모든 특수교사가 바라는 꿈같은 모습일지도 모른다.

그래서 특수교사는 수업에 대해 계속 연구해고 실천해야 한다. 이와 함께 각각의 수업에 대한 기본 개념과 특성, 운영절차 등에 대해

---

7. 이종아(2017), 「중학교 교사들의 '학생 참여형 수업'에 대한 이해」, 『한국교육과정학회』 48권호.

정확히 알아야 한다. '정석定石'을 알아야 한다. 수학에도 정석이 있고, 정석을 알아야 새로운 문제를 만났을 때 응용할 수 있다. 정석을 모르더라도 어쩌다 문제의 정답을 맞힐 수는 있다. 그러나 우리는 그것을 '행운'이라고 하지 '실력'이라고 하지 않는다.

수업도 마찬가지다. 어떤 수업 방법을 적용하고자 했을 때 그 수업 방법의 정석을 알아야 학생들에게 맞게 응용할 수 있다. 아무리 효과적이고 좋아 보이는 수업 방법이나 사례도 내가 맡은 학생들에게 맞지 않거나 그대로 적용하기 어려울 수 있다. 그렇기 때문에 교사는 여러 수업 방법에 대해 더욱 정확하게 알고, 수업 방법의 방향과 가치를 훼손하지 않으면서 응용할 수 있어야 한다. 그러면서 최소한 내가 이번 학기 동안 학생들과 수업을 하면서 가장 중점을 두고 있는 것은 무엇이며, 이것을 달성하기 가장 적절한 수업 방법은 무엇인지 그리고 그 수업이 추구하는 가치, 방향, 필수 요소, 절차 등에 대해 정확하게 알고 있어야 한다. 그 이유는 그 수업을 제시된 그대로 사용하기 위해서가 아니라 장애 학생들에게 가장 효과적이며 효율적인 방법으로 그 수업을 활용하기 위해서다.

예를 들어 프로젝트 학습을 장애 학생들과 하고자 계획할 때 부딪히는 벽은 두껍고 높을 것이다. 그래서 다른 방법을 찾아보고 수정하려고 할 것이다. 그때 프로젝트 학습에 대해 어렴풋이 알거나 정확하게 알지 못하면서 수업을 수정해서 적용한다면 그 수업은 어떻게 될까? 겉모습은 프로젝트 학습처럼 보일 수 있겠지만 프로젝트 학습이 추구하는 가치와 중점을 두고 있는 요소들은 반영되지 못할 것이 뻔하다.

이제 프로젝트 학습에 대해 살펴보자.

프로젝트 학습은 학생들이 과제의 특성을 분석하고, 과제 해결을 위한 계획을 세우며, 정보를 수집하고 교환하는 가운데 계획을 실행하고, 그 실행 과정과 결과를 평가하고 반성하는 일련의 활동들을 직접 수행하도록 하는 교수학습 방법이다. 프로젝트 학습 특성은 자기주도성, 지식과 기능의 전이와 일반화 역량 향상, 협업 능력 향상에 효과적이다. 이를 위한 프로젝트 학습 설계 필수 요소는 다음과 같다.[8]

(1) 핵심 지식과 이해

PBL의 궁극적 목적은 재미와 동기유발이 아니라 지식과 이해이며, 나중에도 사용하고 적용할 수 있는 역량을 기르는 데 있다. 즐거움에 따른 동기유발은 당연한 결과이며, 궁극적으로 주안점을 두어야 하는 것은 '학생이 무엇을 배울 것인가'이다.

(2) 성공을 위한 핵심역량: 비판적 사고력, 문제 해결력, 협업 능력, 자기관리 능력

성공 역량은 프로젝트의 학습 목표이면서 동시에 프로젝트의 목표를 성취하기 위한 필요 과정을 나타낸다. 만약 학생들의 문제 해결력을 갖추길 원한다면, 교사는 그들에게 문제 해결을 연습할 수 있는 문제를 제공해야 한다. 비판적 사고력과 협업 능력, 의사소통

---

8. 최선경 외(2018), 『체인지메이커 교육』, 즐거운학교.

능력, 자기관리 능력도 마찬가지다. 학생들이 이런 능력들을 배우기 위해서는 구조화된 학습 기회가 필요하다.

(3) 어려운 문제 또는 질문

질문은 학생이 중요한 것에 집중할 수 있게 하며, 필요한 정보와 불필요한 정보를 구분할 수 있도록 도와준다. 또 학생의 배경지식을 활성화시키기도 하는데, 바로 이 부분이 새로운 정보와 이미 알고 있는 정보를 연결시키는 과정의 핵심이다. 문제를 해결하는 과정에서 알게 된 지식과 이해는 학생에게 남게 되어 미래에 또다시 활용될 수 있다.

(4) 지속적인 탐구

단순한 정보 수집이 아니라 교사가 신중하게 기획한 탐구 과정을 수반하며, 학생의 많은 시간과 노력이 필요하다. PBL에서의 질문들은 학생이 실행해야 할 조사와 연구, 완성해야 할 과업을 확인하고 자신이 만들어 낼 '공개할 결과물'을 계획하도록 이끈다. 중요한 사실은 탐구가 지속되어야 한다는 것이다.

(5) 실제성

과제와 조건을 실생활과 비슷하거나 똑같이 만들어 주는 것을 뜻하며, 해당 프로젝트를 통해 자신이 세상에 영향력을 행사할 수 있다는 느낌을 줄 수 있어야 그것이 강력한 학습동기가 된다. 따라서 실제성은 학생의 동기와 성취도를 높여 준다.

(6) 학생의 의사와 선택권

문제·질문을 어떻게 해결할지 스스로 판단하고 결정하는 연습, 학생에게 비판적 사고력과 문제 해결력을 가르치고 싶다면 먼저 학생의 의사를 존중하고 선택권을 부여해야 한다. 자율성이란 기본적인 욕구와 학생의 능력을 인정해 주는 것으로 학생의 내적 동기를 불러일으킨다.

(7) 성찰

PBL의 목표는 학생을 준비시키는 데 있다. 따라서 어떤 문제에 직면했을 때 먼저 이전에 비슷한 종류와 문제를 본 적이 있는지, 해당 문제를 해결하기 위해 필요한 지식과 전략을 가지고 있는지 성찰하고 판단해 보게 해야 한다.

(8) 비평과 개선

학생들이 교사, 전문가, 멘토, 동료 학생의 피드백을 받고 결과물을 개선할 기회를 줘야 한다.

(9) 공개할 결과물

PBL은 학습 결과물을 반드시 공개하는 것을 원칙으로 한다. 공개할 결과물은 학생 참여를 증가시키고 프로젝트에 더욱 몰입하게 하는데, 결과물은 프레젠테이션, 출판물, 온라인 게시물, 연극, 전시회 등 다양한 형태를 지닌다.

만약 장애 학생들에게 맞게 프로젝트 학습을 적용한다고 했을 때 특수교사는 프로젝트 학습의 개념과 특성을 고려하여 수정하되, 프로젝트 학습이 가지고 있어야 할 필수 요소를 포함할 수 있어야 한다.

마찬가지로 다른 어떤 수업 방법을 적용하고자 할 때 그 수업 방법이 가지는 가치와 목적, 방향성을 왜곡하지 않으면서 장애 학생에게 적절하게 수정·적용하기 위해서는 그 수업에 대해 정확하게 알고 응용할 수 있어야 한다. 그랬을 때 내가 선택한 수업의 목적은 물론이거니와 학생에게 배움이 있는 수업으로, 특수교사에게는 실력이 되는 수업으로 돌아올 것이다.

뭘 가르치지?

특수학교 교사로 임용되고 처음 출근한 날, 처음 학생들을 만나고 밤늦게까지 퇴근을 못했다. 신규 교사로 앞으로 무엇을 해야 할지 계획하는 것도 막막했지만, 7명이나 되는 장애 학생들과 어떻게 라포를 형성해야 할지, 어떻게 생활지도를 해야 할지, 무엇보다 내일 아침 1교시부터 수업을 어떻게 해야 할지 앞이 보이지 않았다.

당시 반 구성은 남학생 4명, 여학생 3명이었다. 그중에서 교사의 도움 없이 읽고 쓸 수 있는 학생은 1명, 다른 한 명은 손가락으로 짚어 가면서 읽지만 속도가 매우 느리고, 대치와 생략이 많은 학생이었다. 그리고 다른 학생들은 전혀 읽고 쓸 수 없었다. 기본 생활 능력은 더 힘들었다. 남학생 한 명은 사회복무 요원이 전담해서 신변처리(식사, 대소변, 이동 등)을 도와야 할 정도로 중도·중복 장애였으며, 두 명은 소변 실수를 자주 하고 지속적인 관리와 도움이 필요했다. 이런 상황은 여학생 쪽도 마찬가지였다. 3명 중 한 명만 신변처리가 가능했으며 다른 두 명은 도움이 필요했다. 그래서 부담임 선생님과 자원봉사자가 학생 케어에 도움을 주었다.

상황을 종합해 보면 생활과 학습 능력 면에서 7명의 수준 차이가 심했으며, 평균치라는 것을 도저히 설정할 수가 없을 정도였다. 이런 상황에서 생활지도를 어떻게 해야 할지, 수업은 어떻게 해야 할지 전혀 그려지지 않았다.

그런데 여기에서 가장 큰 문제는 수업이었다.

문제행동 중재는 심한 폭력성이나 자해 등은 없었기 때문에 큰 비중을 두지 않았고, 신변처리 기술은 쉬는 시간과 중간 놀이 시간, 점심시간 등을 활용해서 개별적으로 가르치면 되는 일이었기에 어렵게 느껴지지 않았다.

그러면 수업은?

특수교사에게나 장애 학생 모두에게 하루 중 가장 많은 시간을 보내는 시간은 수업 시간이다. 그런데 내가 생각했던 수업, 장애 학생들과 자연스럽게 이야기를 주고받으며 만들기도 하고, 게임도 하고, 정보도 찾아보는 그런 수업은 엄두가 나지 않았다. 특수학교의 장애 학생들의 장애 정도가 점점 중도·중복화되어 가고 있는 추세에서 어느 정도 예상은 하고 있었다. 그렇지만 교육실습 외에 학급 운영과 교육과정 편성 운영, 수업 경험이 없었던 상황에서 장애 학생들과 그런 수업을 만들어 낼 자신이 없었다.

학기가 시작되고 한 달 넘는 시간 동안은 '어떻게 가르칠까'는 생각도 못한 채 무엇을 가르쳐야 할까에 대한 고민들로 시간을 보냈다.

일단 학생들이 학습 수준 차이가 너무 심하기 때문에 교과서는 맞지 않다는 결론을 내리고 계기교육 식으로 교육과정을 재구성해 보기로 했다. 월별로 국경일이나 기념일, 명절 등을 뽑아 놓고 그와 관련해서 국어, 사회, 수학 수업을 운영해 보았다. 그런데 거기에도 한계가 나타났다. 학년군마다 가르쳐야 할 내용들이 있는데 계기교육 방식으로는 각 교과에서 다뤄야 할 내용이 충분히 반영되지 못했으며, 여러 수준의 학생들을 아우를 수 있는 수업 내용을 만들어 내는 데 어려움이 많았다. 그래서 계기교육의 형태도 오래 지속되지 못했다.

특히 힘들었던 것은 담임교사가 자기 반을 대상으로 서너 교과를 맡아 수업을 운영해야 하는 것이었다. 그것은 특수교사가 맡고 있는 모든 교과 내용을 학생들의 개별적 요구와 수준에 맞게 재구성하는 데 시간과 노력, 자료 준비 등 현실적인 어려움이 많음을 의미했다.

특수학교의 중·고등학교를 기준으로 했을 때 지역마다 특수교사가 맡는 교과들이 다르다. 어떤 지역은 일반 중·고등학교처럼 특수교사 한 명당 한두 교과를 맡아서 여러 반에 수업을 들어가는 형태로 교육과정을 운영하고, 어떤 지역은 담임교사가 국어, 수학, 사회 교과 등을 맡고 나머지 교과에 대해서만 교과담임제로 운영한다. 필자가 근무한 특수학교는 후자의 형태였기 때문에 담임교사는 한 반을 가르치되 국어, 수학, 사회를 가르쳤다. 그렇기 때문에 계기교육 식이나 특수교사가 임으로 선정한 내용으로 모든 교과를 한 학기 또는 1년 동안 꾸준하게 이끌어 가기에 어려움이 있었다.

그래서 계기교육 방식으로 수업을 운영하는 형태는 버리고 학습 지를 적극적으로 이용하는 방법을 선택해 보았다. 학습지의 경우 국 어든 수학이든 수준별로 학습지를 갖출 수 있고, 개별학습이 가능 하므로 우리 반 학생들에게는 좋은 자료가 되리라고 판단했다. 그런 데 어느 순간 이런 생각이 들었다. 나는 특수교사인가 학습지 풀이 선생님인가. 장애 학생들에게도 학습 능력 향상은 분명히 필요하다. 그러나 지금 사칙연산을 해낼 수 있느냐 없느냐보다 스스로 신변자 립을 할 수 있는 것이 중요하고, 때로는 진로를 선택하기 위한 다양 한 직업 경험을 하는 것이 중요했다. 만약 어떤 지식이나 계산 능력 이 필요하면 스마트폰으로 정보 검색하는 것을 가르쳐 주거나 계산 기 사용법을 가르쳐 주면 되는 것이었다.

그렇다면 내가 해야 할 수업은 학습지를 풀어 주는 것이 아니라, 신변자립 능력이 부족한 학생에게는 기능적 생활 중심 내용으로 가 르치고, 학습 수준이 높은 학생들에게는 다양한 경험과 생각을 할 수 있는 프로젝트 수업이 필요했다. 그랬다. 학생들이 앞으로의 삶을 살아가고 사회인으로서 통합될 수 있도록 가르치는 사람이 교사였 고, 그 방법은 수업이어야 했다.

그래서 교과서로 돌아왔다. 물론 교과서를 그대로 쓰기 위해 다 시 돌아온 것은 아니었다.

교과서는 교육과정 운영을 위한 자료이지 절대적인 것도 아니고,

내가 맡고 있는 장애 학생들에게 필요한 내용과 자료가 모두 담겨 있지도 않았다. 그러나 장애 학생이 경험해야 할 최소한의 교육적 경험, 필요한 기능 등은 어느 정도의 체계를 갖춰 담고 있으니, 특수교사가 설정한 교육 목표에 맞춰 교과서를 재구성하면 일관성도 유지하면서 체계적으로 지도할 수 있다. 만약 교과서에 부족한 내용이 있으면 필요한 교육 내용을 보충하고, 장애 정도가 너무 심한 경우 교과서에서 제재를 가져오되 장애 학생에게 필요한 자료와 과제로 수업 내용을 재구성하면 된다.

따라서 무엇을 가르쳐야 할지 방향성이 잡히지 않는 특수교사가 있다면 일단 교과서를 중심으로 가르칠 내용을 선정하고 수업을 운영하는 것이 좋다. 이와 함께 필요한 자료나 부족한 부분은 실제 수업을 운영해 가면서 채워 가는 것이 효과적이다. 그러나 중요한 것은 교과서를 활용해서 얼마나 손쉽게 수업을 구성할 수 있느냐가 아니다. 내가 맡은 학생에게 필요한 내용을 선정하고 이를 수업으로 이끌어 내며, 그것을 장기적으로 끌고 갈 수 있어야 한다. 그렇기 때문에 특수교사는 장애 학생들에게 어떤 수업을, 어떻게 해야 할지 그에 대한 고민을 늘 해야 한다.

장애 학생들을 가르쳐 보지 않았거나 특수학교에 근무해 보지 않은 또는 경험이 없는 분들은 특수교사의 이런 고민에 공감하지 못할 수도 있다. '내용도 간단하고 상식적인 것이 많은데 수업하는 것이 얼마나 어렵겠어?'라고 생각할 수도 있다. 그런데 실상은 그렇지가 않다. 어려운 것을 어렵게 가르치는 것은 어렵지 않다. 왜냐하면 학생들의 수준은 신경 쓰지 않고 교수자의 눈높이에서 가르치면 되기 때문이다. 쉬운 것을 쉽게 가르치는 것도 어렵지 않다. 처음부터 쉬운 것이었기 때문이다.

그런데 어려운 것을 쉽게 가르치는 것은 매우 어렵다. 특수학교에서의 수업이 이와 같다. 인지수준과 기능적인 부분에 제한이 많은 장애 학생들에게는 배우는 내용 모두가 어려울 수밖에 없다. 학습자들의 학습 수준에 평균이라는 것도 없다. 그러니 내가 맡고 있는 장애 학생들이 곧 기준이 되며 특수교사는 거기에 맞춰 가르칠 내용을 선정하고, 그것을 쉽게 가르쳐야 한다. 그렇기 때문에 장애 학생들과 함께하는 수업이 어려운 것이고, 그래서 특수교사는 수업에 대한 고민이 더 많다.

테마(수업 방법)가 있는 수업으로 일 년 살아 내기

신규 교사로 일 년을 보내고 그다음 해부터 지금까지 해마다 하는 작업이 있다. 일 년 동안 운영할 수업 테마, 즉 방향을 잡고 그 수업을 일 년 동안 운영해 보는 것이다. 외부 강의나 연수를 가서 신규 특수교사나 저경력 특수교사를 만나 보면 자신의 수업을 개선하고 싶은 의지가 강한 분들이 있다. 그럴 때마다 '그래서 선생님은 수업 개선을 위해 무엇을 하고 계십니까?' 하고 묻는데, 돌아오는 대답은 비슷하다. '관련 책들도 보고 연수 자료나 강의를 들어 보는데 쉽지 않은 것 같아요. 그리고 사례집이나 자료도 많지 않아서 어려움이 많네요.'

처음 수업에 대한 고민을 시작하고, 무엇인가 개선해 보고자 할 때 이런 상황에 자주 부딪히게 된다. 여러 책들을 찾아보지만 이론서 중심의 책들, 일반 교육에서의 참고서는 많으나 특수교육에서의 수업 관련 책들은 많지 않다. 그 이유는 여러 가지가 있겠지만 특수교육의 경우 장애 학생들의 수준 차이가 너무 심해 평균을 잡기 어렵기 때문일 테고, 다른 특수교사들도 일반적으로 참고할 수 있는 책을 만들어 내기 어려울 수도 있을 것이다. 또한 내가 맡은 장애 학생들에게는 좋았던 수업 방법이 다른 장애 학생들에게는 효과적이지 않을 수 있으니 이런 수업이 좋다고 쉽게 제안하기 어려웠을 것이다.

이런 현실적인 어려움 속에서 특수교사가 할 수 있는 것은 무엇일까? 답은 정해져 있다. 직접 부딪혀 보는 것이다.

그래서 시작한 것이 '테마가 있는 수업으로 일 년 살아 내기'다. 여기에는 스스로 정한 중요한 규칙이 있다. 수업 테마를 정했으면 1년 동안 꾸준하게 운영하는 것이다. 기초 연구를 통해 충분히 적용 가능하다고 판단된 수업이라면 초반에 수업이 잘되지 않는다고 해서 중간에 포기하지 말라는 것이다.

처음 수업을 기획해서 운영하다 보면 수업 자체가 잘되지 않을 때가 많다. 교사가 제시한 활동에 학생들이 제대로 참여하지 못하기도 하고, 수업 자체에 관심을 보이지 않을 때도 있다. 그럴 때 쉽게 포기하면 안 된다. 왜냐하면 특수교사도 새로운 수업을 이끌어 가는 데 익숙하지 않겠지만 장애 학생 또한 교사가 시도하는 수업이 낯설고, 어렵게 느껴질 수 있기 때문이다.

'수업에도 적응할 수 있는 시간이 필요하다.'

그렇기 때문에 수업이 잘되지 않는다고 중간에 포기하지 말고 어려운 과정을 어떻게 단순화시킬 수 있을지, 어떤 형태의 활동과 과제 제시를 통해 수업에 참여시킬 수 있을지를 고민해야 한다. 이 과정을 통해 특수교사와 장애 학생 모두 새로운 수업의 형태에 익숙해지면 어렵지 않게 수업을 이끌어 갈 수 있다.

오해하지 말아야 할 것은 모든 교과, 모든 내용을 한 가지 테마로 운영한다는 것은 아니다. 특수교사가 정한 수업 테마를 주된 수업 방법으로 운영하되 내용에 따라 다른 수업 방법을 적용해 운영할 수 있다.

예를 들어 올해 NIE 수업을 테마로 잡았으면 내가 맡은 과목에서 주로 NIE 수업으로 이끌어 가되 내용에 따라 놀이수업, 플립러닝을 활용할 수 있다. 이와 같은 방법으로 수업을 1년 동안 운영한다. 다음 해에는 STEAM, 그다음은 스마트러닝, 때에 따라서는 한 가지 테마로 2년 동안 운영해 볼 수도 있다.

나만의 수업 프레임을 만들자

이와 같이 해마다 테마를 가지고 수업을 운영하면서 이론과 경험이 쌓이면 어느 시점에서 가장 편하고 재미있게, 그러면서 학생들에게 효과적인 나만의 수업 프레임을 찾을 수 있다. 그 수업 프레임이 정형화된 수업 모형이 될 수 있고, 수업 기법이 될 수도 있다. 또는 특수교사 스스로 만들어 낸 수업 방법이 될 수도 있다.

수업 프레임을 만든다는 것은 마치 글을 쓰는 것과 같다. 글을 많이 써 보고 잘 쓰는 사람들은 자신만의 문체, 즉 스타일이 있다. 그래서 글을 읽어 보면 이 글은 어떤 스타일이고, 어떤 작가의 글이라는 것을 쉽게 파악할 수 있다. 이와 같이 수업이라는 것도 어떤 테마를 가지고 일관성 있게 운영해 보고, 그 과정에서 다양한 시도들이 누적되면 나만의 수업 프레임이 만들어진다.

특수교사에게 자신만의 수업 프레임이 생긴다는 것은 굉장한 강점이다. 올해 내가 어떤 교과를 맡을지, 어떤 장애 학생을 만날지 아무것도 모르는 상황에서 신학기가 시작하자마자 수업을 체계적으로 이끌어 가기란 쉽지 않다. 이런 상황에서 자신의 수업 프레임이 있다면 '어떻게 수업을 해야지?'에 대한 고민보다 장애 학생의 특성과 수준, 교육적 요구, 즉 장애 학생을 파악하고, 그에 따라 IEP, 교육과정 재구성, 문제행동 중재에 집중하며 계획을 신속하게 세울 수 있다. 따라서 특수교사에게 자신만의 수업 프레임이 있다는 것은 큰 장점이자 강점이 된다.

그렇다고 모든 교과, 모든 교육 내용에 자신의 수업 프레임을 적용하는 것은 아니다. 수업 내용이나 장애 학생의 특성에 따라 수업 방법을 달리하여 적용해야 한다. 예를 들어 과학과 수업을 운영할 때 주로 포스트잇을 활용한 공부할 문제 찾기, 스마트패드를 활용한 탐구·조사 활동, 협동학습지를 활용한 정리 활동 등으로 자체 수업 프레임을 만들어 운영했다. 그런데 이 프레임을 과학과의 모든 내용에 적용할 수 있는 것은 아니다. 내용에 따라 STEAM을 적용하는 것이 효과적일 수 있고, 문제 중심 학습이나 놀이수업이 효과적일 수 있기 때문에 장애 학생들의 수준과 특성이 어떤가에 따라 수업 방법을 달리하여 적용했다.

다시 말해 수업에 있어 나만의 수업 프레임을 만들되 학생에 따라, 교과에 따라, 내용에 따라 가장 적절한 수업 방법을 찾아 운영하는 것이 필요하다. 또한 그렇게 할 수 있는 것이 특수교사의 수업에 대한 전문성이고 실력이다. 당연히 그것은 학교에서 시간만 보낸다고 생기는 것이 아니다. 수업에 대한 꾸준한 고민과 연구, 도전, 실천, 경험이 쌓였을 때 생긴다.

매 수업 시간이 두렵거나 어떻게 수업을 해야 할지 프레임이 잡히지 않았다면 테마를 정해 일 년을 살아 보자. 그리고 그 과정들을 거치면서 나만의 수업 프레임을 만들자. 그러면 최소한 수업이 부담스럽거나 두렵지는 않을 것이다. 오히려 새 학년이 시작되고, 새 얼굴들을 보는 그날이 기다려질 수 있을 것이다.

#특수교사의 질문!
새 학년이 시작된 첫날, 첫 수업 시간에도
수업을 할 수 있는 나만의 수업 프레임이 있는가?

마음의 힘을
기르는
감성 수업[9]이야기

수업의 시작

2015년, 우리 반 아이들과 세월호 추모 영상을 보던 중이었다. 세월호 사건으로 인해 전 국민이 슬픔과 비통에 빠져 집단적 외상 후 스트레스 장애를 겪었고, 그 후유증이 채 가시지 않은 상황에서 1주기 추모 행사는 모두의 눈시울을 적셨다. 나 또한 사고로 인해 하늘로 간 학생들을 추모하며 슬픔에 잠겨 있을 때, 우리 아이들은 아무것도 모르는 것처럼 즐겁다는 듯 웃고 있는 것이었다.

충격이었다. 아무리 장애가 있는 학생들이라 할지라도 느끼는 것은 같고 감정도 같을 터인데, 우리 아이들은 모두가 슬퍼하고 있을 때 왜 웃고 있는 것일까. 보통 사람들은 장애가 있어서 힘들겠다, 불편하겠다, 안타깝다고 말하지만 나는 이 모습을 보며 우리 아이들에게 가장 안타까운

---

9. 조선미 외(2016), 『마음의 힘을 기르는 감성수업』, 살림터.

것은 다른 사람의 감정을 공감하지 못하는 것이라 생각했다. 다른 사람들이 기뻐할 때 같이 기뻐하고, 슬퍼할 때 같이 슬퍼하고, 울고 있을 때 같이 울어 줄 수 있는 것이 인간의 가장 기본적인 능력이자 모두가 지닌 감정인데, 우리 아이들은 그렇지 않았다. 그것은 특수교사로서 몇 년을 아이들을 가르쳐 온 나에게 크나큰 충격이었고 반성하게 만드는 계기가 되었다.

나는 장애 학생들은 항상 즐겁고 기쁘고 웃어야 한다고 생각했다. 우리 아이들이 느낄 수 있는 감정을 철저하게 제한했으며 그것을 강요했다. 장애를 갖게 된 것도 슬픈 일인데 특수학교에 다니는 동안만이라도 즐겁고 기쁘면 우리 학생들에게는 그것이 행복일 거라고 생각했다. 아이들의 장애를 보며 할 수 있는 일이 제한적이기 때문에 느끼는 감정 또한 제한적일 것이라고 그렇게 단정 지어 버렸다.

그래서 장애 학생들도 가지고 있는 긍정적인 감정, 부정적인 감정, 또한 말로 형용하기 어려운 감정들을 스스로 성찰해 볼 수 있는 경험 자체를 제공해 주지 못했다. 아이들이 내면에 있는 다양한 감정들을 만나고 끄집어낼 수 있는 경험을 학교생활과 수업을 통해 가르쳐야겠다는 생각 자체를 하지 않았다. 아이들에게 미안했다. 나의 부족함으로 재미만 있고 감성은 없는, 마를 대로 말라 버린 수업에 학생들이 있었다. 미안하다, 얘들아.

_수업일기 중에서

아하 대화법

수업과 만나기

아하 대화법 교수·학습 과정안

대상	고1-1	교과	국어	단원	5. 시의 향기	차시	1/5

학습 주제	공감하며 듣기

성취 기준	상대에 따라 적절한 말이나 몸짓으로 반응한다.

학습 목표	공감하며 들을 수 있다.		
	가(상)	나(중)	다(하)
	'아하'라고 반응하며 공감하며 들을 수 있다.		'아하'라고 따라 발음할 수 있다.

학습 과정	교수·학습활동	
	교사 활동	학생 활동
준비 활동	• 민망했던 경험 발표 안내하기	• 내가 어떤 말을 하는데 상대방이 대답을 하지 않 거나 반응이 없어서 민망했던 경험 발표하기/ 감 정카드로 그때의 감정 표현하기
중심 활동	• 아하 대화법 설명하기	• 아하 대화법은 다른 사람이 발표를 하거나 어떤 말을 했을 때 거기에 공감해 주는 표현입니다. • 공감하기 위해서는 먼저 경청(잘 듣기)이 필요하 고 거기에 공감해 주는 것이 필요합니다. 그리고 공감에 대한 표현으로 '아하'라고 합니다.
	• 아하 대화법 연습 안 내하기	• 교사의 시범을 보고 '아하'를 연습해 본다. 선생님 의 말을 듣고 '아하' 하고 공감해 준다. • 친구들의 말을 듣고 '아하' 하고 공감해 준다.
	• 여러 가지 손 모양과 함께 공감하는 연습 안내하기	• '아하'에 공감하면서 자기가 좋아하는 손 모양을 함께 하며 표현한다(꽃받침, 브이, 따봉).
	• 아하에 음을 넣어 표현 하는 활동 안내하기	• '아하'에 다양한 음률을 넣어 표현한다. 아~~~~ 하/ 아하~~~~ 등으로 표현한다.
정리 활동	• 다른 사람이 말을 할 때 '아하'로 공감하기	• 선생님과 친구들이 말할 때 '아하'로 공감한다.

수업은 흔적을 남긴다-아하~ 그렇구나

일반 학생들과 장애 학생들의 수업에서 가장 큰 차이는 공감의 표현이다. 교사의 말, 친구들의 말을 듣고 공감하거나 반대되는 생각과 의견이 있을 때 그것을 표현하는 일반 학생들과 달리 장애 학생들은 가장 기본적인 공감하는 능력, 공감의 표현이 잘되지 않는다. 그래서 경청을 기본으로 하는 아하 대화법은 특수학교, 특수학급 수업 장면에서 가장 기본적으로 연습하고 습득해야 하는 수업 기술이라고 생각했다.

장애 학생들에게 아하 대화법을 가르치기는 쉽지 않았다. 교사의 발화를 보고 특이한 점을 찾아내고 그것을 자연스럽게 모방하는 것이 어려웠다. 그래서 아하 대화법을 가르치는 것 또한 세밀하게 과제 분석을 하고 그것을 하나씩 가르친 후에야 모방할 수 있게 되었다. 아하 대화법을 과제 분석한 것은 다음과 같다.

- 아하 대화법 설명하기: 다른 사람들이 생각이나 경험을 말할 때 공감해 주는 것이 필요하다. 공감을 위해 개발된 것이 아하 대화법이다.
- '아하' 약속하기: 앞으로 선생님이나 다른 친구들이 발표할 때 공감되는 사람은 '아하'라고 말하며 공감해 주자.
- '아하' 시범 보이기: 교사가 먼저 '아하'를 언제 어떻게 쓰는지 시범을 보인다(북 치고 장구 치고-설명하고 아하로 공감해 주고).
- '아하' 모방하기: 선생님이 '아하'를 말하며 시범을 보이면 학생은 교사의 말을 모방한다.

- 입 모양과 소리 모방하기: 언어적 말하기가 잘되지 않는 학생들의 경우 아, 하, 한 음절씩 나누어 연습을 하고 이후 '아하'로 연결하여 연습한다.
- 교사가 말하고 난 뒤 '아하' 붙이기(무조건 붙여 보자)
- 친구들이 말하고 나서 '아하' 붙이기
- 수업 장면에서 '아하' 붙이기(학생들이 잊어버릴 경우 교사는 입 모양을 '아하' 보여 주면서 반응을 유도한다).

처음에는 잘되지 않았다. 내가 말하고 내가 아하 하고 혼자서 북치고 장구 치고 쇼에 가깝게 했다. 그렇게 2주가 지나면서 아이들이 '아하'를 말하기 시작했다. 여기에 자기가 잘하는 손 모양을 더하게 했고, 그냥 '아하' 하는 것이 아니라 노래처럼 음률을 넣었다. 그렇게 '아하'라고 표현하는 것이 자연스러워지고 다른 수업에까지 일반화가 이루어졌다. 특히 자발적 발화가 잘되지 않는 학생까지도 '아하'를 말하는 것이었다. 생각해 보면 이 학생에게는 '아하'라는 것이 공감의 표현이라기보다는 놀이고 언어유희에 가까운 것이라고 생각할 수 있다. 그러나 자발적 발화와 발음을 연습할 수 있는 기회가 된다는 것에서 긍정적인 결과라고 생각되었다.

처음에는 연습을 통해서 기계적으로 반응하는 것처럼 보인다. 하지만 끊임없이 반복하고 여러 상황 속에서 활용해 본다면 언젠가 우리 장애 학생들도 자신의 감정뿐 아니라 타인의 감정까지 진심으로 공감하며 그것을 표현할 수 있는 날이 올 수 있지 않을까. 그럴 수 있기를, 그렇게 되기를 기대해 본다.

자연미술 수업

수업과 만나기

자연미술 교수·학습 과정안

대상	중2-1	교과	국어	단원	9. 더 쉽게 알려줘요	차시	14/14

학습 주제	어울리는 제목 쓰기		
성취 기준	설명할 대상의 특성을 말한다. 자신의 주된 생각을 하나의 문장으로 쓴다. *2011 개정 특수교육 교육과정		
학습 목표	작품에 어울리는 제목을 표현할 수 있다.		
	가(상)	나(중, 하)	
	자연미술 작품을 찍고, 어울리는 제목을 쓸 수 있다.	자연미술 작품을 찍고, 어울리는 제목을 선택할 수 있다.	

학습 과정	교수·학습활동		
	교사 활동	학생 활동	
		가(상)	나(중·하)
준비 활동	• 자연미술 작품 소개하기	• 여러 가지 자연미술 작품 살펴보기	
		– 제시된 자연미술 사진을 보고 어떤 것을 표현한 것인지 생각을 말한다.	– 사진이 어떤 것을 표현한 것인지 비슷한 그림카드를 선택한다.
	• 자연미술 작품 제목 붙이기 활동 안내하기	• 작품에 어울리는 제목 붙이기	
		– 작품을 보고 어떤 제목이 어울릴지 말한다.	– 작품을 보고 어떤 제목이 어울릴지 단어 카드를 선택한다.
	• 공부할 문제 안내하기	• 공부할 문제 확인하기	
		나만의 자연미술 작품을 만들어 봅시다.	
중심 활동	• 스마트폰으로 사진 찍는 방법 설명하기	• 스마트폰으로 사진 찍기 활동 참여하기	
		– 선생님의 안내에 따라 스마트폰으로 사진을 촬영한다.	– 선생님의 도움을 받아 스마트폰 어플을 실행하여 사진을 촬영한다.

중심 활동	• 자연미술과 만나기1 활동 설명하기	〈자연미술과 만나기 1〉 가. 학교 안에서 그림자를 찾는다. 나. 스마트폰으로 촬영한다. 다. 촬영된 사진에 이름을 붙인다.	
		• 스마트폰으로 그림자 촬영하기	
		– 두 명이 한 모둠이 되어 학교 안을 돌아다니며 그림자를 촬영한다.	– 선생님과 함께 교실을 돌아다니며 그림자를 찾아 스마트폰으로 촬영한다.
	• 자연미술과 만나기2 활동 설명하기	〈자연미술과 만나기 2〉 가. 그림자 잘 생기는 곳을 찾는다. 나. 바닥에 하얀색 종이를 놓고 그 위에 그림자를 만든다. 다. 다른 친구가 스마트폰으로 그림자를 촬영한다.	
		• 한 모둠이 되어 자신이 만든 그림자 촬영하기	
		– 한 명은 그림자를 만들고 한 명은 그림자를 촬영한다.	– 선생님과 함께 그림자를 만들면 다른 친구가 그림자를 촬영한다.
	• 작품에 의미 만들기 활동 제시하기	• 촬영한 작품을 함께 보며 어울리는 제목 붙여 주기	
		– 사진을 보며 어울리는 제목을 말한다.	
정리 활동	• 내 작품 소개 활동 안내하기	• 내 작품 소개하기	
		– 내가 찍은 자연미술을 소개하며 작품 이름을 말한다.	– 내가 찍은 작품을 보여 준다.

수업은 흔적을 남긴다–그림을 담다

자연미술 수업을 하기 위한 준비물은 모두 준비되었다. 특별하지 않은 준비물로 특별한 미술작품을 만들기 위해 나와 아이들의 마음은 잔뜩 부풀어 있었다.

"여러분, 오늘은 선생님과 특별한 국어 수업을 해 볼 거예요."

"와~, 재밌겠다."

민수가 말했다.

"그래요. 그런데 준비물이 필요해요. 다른 것은 아니고 A4 종이 한 장씩을 챙기세요. 그리고 선생님이 준비한 디지털 카메라와 각자 스마트폰 카메라만 있으면 돼요."

"선생님, 저는 핸드폰 없어요."

"영광이는 민수 스마트폰을 같이 쓰도록 해요. 그리고 명준이는 유광이 폰을 같이 쓰고, 유림이는 선생님 폰을 같이 쓸 거예요."

학교 주변

"와~ 쌤~"

말을 잘하지 못하는 명준이가 불렀다.

"이야~ 블라인드에 꽃이 피었네. 카메라로 찍으면 되겠다."

학교 현관에 놓여 있는 꽃 화분의 그림자가 실내 블라인드에 비치면서 한 폭의 수묵화로 변화하는 순간이었다.

"애들아, 이리 와 봐. 명준이가 근사한 작품을 만들었어."

"우와! 멋있다. 선생님, 예뻐요."

반응이 좋은 민수가 가장 먼저 칭찬을 했다.

"선생님, 저도 만들었어요. 이것 보세요."

"유광이는 어떤 작품을 담았는지 볼까? 와~ 멋있는 패턴을 만들었네. 유광이 잘했어!"

이런 생각을 해 본다. 장애 학생들에게 창의성이란 것이 있을까. 있다면 장애 학생들에게 창의성이란 무엇일까. 새로운 생각? 혁명적 패러다임? 누구도 생각하지 못할 수준의 문제 해결 방법? 어느 것 하나 우리 아이들에게 어려운 과제가 아닐 수 없다. 그런데 자연미술 수업을 하면서 발견한 것이 하나 있다. 우리 아이들에게도 자유롭게 표현할 생각과 시각이 있다는 것이다. 일반인들이 보기에는 익숙한 것들이고 전혀 새롭지 않을 것일지라도 우리 아이들에게는 다르다. 너무나 재미있고 새로우며 또 해 보고 싶은 것들이 존재한다. 그것을 발견할 수 있게끔 도와주는 것이 바로 특수교사의 역할이다.

아무리 진귀한 송로버섯도 요리사를 만나지 못하면 나무에 기생하는 못생긴 버섯에 지나지 않다. 그러나 시장 길바닥에 나돌아 다니는 상처 난 무청도 좋은 요리사를 만나면 근사한 요리로 탄생할 수 있다. 아이들 안에는 너무나 좋은 재료들로 가득 차 있다. 그런데 그것을 요리하는 방법을 모르거나 어떤 어려움으로 인해 좋은 재료들을 방치해 놓기 십상이다. 우리는 그것을 발견하고 꺼내 주어야 한다. 그리고 요리할 수 있도록 다양한 레시피를 알려 주고 도와주어야 한다. 그 방법이 독서토론이든 하브루타든 체험학습이든 자연미술이든 정답은 정해져 있지 않다. 우리 아이들이 좋아하고 즐거워하고 또 하고 싶어 하는 수업이라면 그것이 바로 최고의 수업이다.

스마트폰으로 작품 담기
-블라인드에 생긴 그림자

종이 위에 작품 담기
-내 손으로 만드는 그림자

마음의 힘을 기르는 그림일기 수업
-마힘(마음의 힘을 기르는) 일기

수업과 만나기

마힘 그림일기 쓰기 교수·학습 과정안

학습 과정	교수·학습활동		
	교사 활동	학생 활동	
		가(상·중)	나(하)
준비 활동	• 지금 감정상태 질문하기	• 감정카드를 이용하여 지금의 감정 표현하기	
		– 감정카드를 이용하여 자신의 감정 상태를 표현한다.	– 감정카드를 선택하여 감정을 표현한다.
중심 활동	• 오늘 있었던 일 되돌아보기 활동 안내하기	• 오늘 있었던 일 중에 가장 안 좋았던 감정, 가장 좋았던 감정, 내일 일어났으면 하는 감정을 순서대로 생각해 보고 자유롭게 말하기	
		– 활동지의 항목에 맞게 자신의 감정을 선택하여 적는다.	– 교사가 제시해 준 일과 중에서 가장 안 좋았던 감정, 가장 좋았던 감정, 내일 일어났으면 하는 감정을 선택한다.
	• 그림일기로 표현하기 활동 안내하기	• 오늘 가장 기억에 남는 순간을 그림으로 표현하기	
		– 가장 기억에 남는 순간(장면, 사람, 물건 등)을 그림으로 표현한다.	– 가장 기억에 남는 순간과 어울리는 색깔의 색연필을 선택하여 활동지를 색칠한다.
	• 그림일기 사례 보여주기	• 사례를 보고 그림일기로 표현한다.	
정리 활동	• '그림일기로 말하는 나의 하루' 안내하기	• 그림일기로 나의 하루 말하기	
		– 그림일기를 보여 주며 나의 하루를 발표한다.	– 그림일기와 감정카드를 함께 들어 보여 주며 나의 하루를 표현한다.

수업은 흔적을 남긴다-어? 일기쓰기가 되네?

"장애 학생이 일기를 써요?"

"글자나 제대로 쓸 수 있어요?"

"무슨 감정을 알아서 일기를 써요?"

"내용이나 알고 써요?"

맞는 말이다. 장애 학생이, 그것도 중도·중복 학생이 일기를 쓴다고 생각하면 글자라도 제대로 쓸지, 자신의 감정을 일기에 녹여 낼수 있을지, 내용이 있는 일기를 쓸 수 있을지 의심부터 하게 된다. 특수교사인 나도 마힘일기를 처음 접했을 때 과연 우리 아이들이 일기를 쓸 수 있을까부터 생각하게 되었다. 하지만 우리 아이들도 그날에 좋은 일도 있고 나쁜 일도 있고 그에 따른 여러 가지 감정도 있을 것이기에 분명 쓸거리가 있을 거라는 기대를 가지고 마힘일기 쓰기에 도전해 보았다.

처음에는 아이들이 여러 가지 감정이 있다는 것을 알고 다양한 감정의 이름을 접하게 하는 것이 중요하다고 생각했다. 그래서 감정 놀이카드를 이용해 감정들의 이름을 알고 자신들의 감정을 감정카드를 이용하여 표현하는 연습을 했다. 그리고 마힘일기를 쓸 때 무작정 자신의 감정을 쓰는 것이 아니라 먼저 감정카드를 선택하고 그것을 보고 일기에 쓸 수 있게 지도했다.

그러나 보통사람도 어떤 한 가지 일을 매일 꾸준하게 하는 것이 쉽지 않은데 장애가 있는 아이들에게 그것을 요구하기는 어려웠다. 먼저 스스로 일기를 써야겠다고 생각해 내는 것이 쉽지 않았고, 해당하는 날짜에 해당되는 감정들을 쓰는 것 또한 쉽지 않았다. 그래서 매일 마지막 시간에 마힘일기 쓰기를 아이들과 함께 진행했다. 첫 시간에는 어디에, 무엇을, 어떻게 쓰는 건지 설명해 주고 직접 실습하는 데 한 시간이 넘게 걸렸다. 긍정·부정 감정을 구분하지 못해 쓰기도 하고, 다른 친구 것을 보고 쓰기도 하고, 오늘 내용을 다른 칸에 쓰기도 하고. 그렇게 한 달을 연습하니 '일기 쓰자'는 말이 나오면 감정카드를 가지고 와서 감정을 고르고 내용을 채워 넣을 수 있게 되었다.

우리가 생각하는 기존의 상투적인 일기를 쓴다고 생각하면 장애 학생들은 도저히 쓸 수 없는 일기다. 하지만 감정이라는 것은 누구나 그것을 느끼기 때문에 하루를 돌아보고 자신의 감정을 고르고 그것을 쓰는 것은 누구에게나 가능한 것이다. 장애의 종류와 정도에 따라 분명 어려운 부분은 있다. 하지만 그중에 한 명이라도 마힘일기를 쓰며 자신의 감정을 만져 보고 토닥이는 과정을 통해 마음의 힘을 기를 수 있다면 도전해 볼 가치가 충분히 있다.

무조건이란 조건은 없다

(마힘 그림일기 쓰기 시작한 지 한 달 반째)
목요일 6교시 마지막 시간
"여러분, 오늘 마지막 시간도 선생님과 함께 그림일기를 써 볼게요. 반장이 일기장 나눠 주고 써 봅시다. 어떻게 쓰는지 이제 다 알죠?"
"네, 할 수 있어요."
"역시 우리 반 에이스 민수야! 그럼 먼저 감정카드에서 오늘 하루 중 가장 안 좋았던 감정을 고르고, 다음으로 좋았던 감정, 마지막으로 내일 느끼고 싶은 감정이나 일어났으면 하는 일을 써 봅시다. 시작!"

5분 후
"다 쓴 사람은 푯말을 들고 기다려 줍니다."
"선생님, 다 썼어요."
"이번에는 유광이가 먼저 썼구나. 한번 봐 볼까?"

가장 안 좋았던 감정: 행복하다, 가장 좋았던 감정: 행복하다, 내일 느끼고 싶은 감정이나 일어났으면 하는 일: 스마트폰.

"이유광!"
순간 폭발하고 말았다.
"한 달 내내 쓰고 있는데 여기에 행복하다를 쓰면 어떡하니? 여기는 안 좋았던 감정을 쓰는 거잖아. 행복하다는 좋았던 감정에 써야지."
"아… 그래요? 알겠슴다. 동쌤."
"유광아. 이거 처음 하는 거 아니잖아. 몇 번을 말해 줘야 알아듣겠니? 민수랑 영광이는 뭐라고 썼어? 봐 보자."

가장 안 좋았던 감정: 감동하다, 가장 좋았던 감정: 자신만만하다, 내일 느끼고 싶은 감정이나 일어났으면 하는 일: 넥타이.

"하… 너네도 똑같이 해놨네. 지금 뭐 하는 거니? 한 달 넘게 똑같은 걸 했는데 아직도 하나씩 설명해 줘야 되니? 첫 번째 칸은 안 좋았던 감정이나 슬프다, 힘들다 같은 걸 써야지. 그리고 여기는 넥타이(영광이는 넥타이를 좋아한다)가 아니라 감정카드에서 고르든지 아니면 하고 싶은 일을 해야 할 거 아니야. 넥타이하고 내일 일하고 무슨 상관이야!"

속사포처럼 쏟아냈다. 장애가 있는 아이들이니까 배우는 것이 늦고 스스로 하기까지 오랜 시간이 걸린다는 것을 알고 있으면서도 화가 났다. 왜 이렇게 못하는 건지, 몇 번을 더 설명해줘야 하는 건지, 언제까지 똑같은 것을 하나씩 알려 줘야 하는 건지. 차라리 아무것도 못하는 아이들이라면 기대조차 안 하겠지만 될 것 같은 아이들이 같은 실수를 계속하고 있으니 참을 수가 없었다.

그렇게 마음에 화와 분노를 가득 채우고 '감성덩어리(연구회)' 모임에 갔다. 그리고 다른 선생님들께 오늘 있었던 이야기를 말하면서 장애 아이들을 가르치는 것이 참 어려운데 감성수업을 하는 것은 더 어렵다는 푸념을 늘어놓았다. 그런데 내 이야기를 듣고 리더 선생님이 말했다.

"선생님, 아이들에게 안 좋은 일이 없었던 것은 아닐까요?"

아! 나는 왜 아이들이 하루 동안 좋은 일, 안 좋은 일을 모두 겪었을 거라 생각했을까. 아이들이 왜 좋은 감정, 안 좋은 감정을 모두 느꼈을 거라 생각했을까. 아이들은 정말 그날 행복한 감정만 들었을 수도 있었다. 자신만만했고, 어떤 일로 감동을 받았을 수도 있다. 그래서 어떤 안 좋은 감정도 들지 않아서 그 칸에 좋은 감정들만 써

놓았을 수도 있었다. 그런데 교사인 나는 어느 순간 수업이라는 틀에 갇혀서 무조건 빈칸에 꼭 맞는 단어들을 채워야만 다음 문제로 넘어갈 수 있다고 정해 놓고 있었다.

감정을 느끼는 것에 무조건이라는 조건은 없다. 어떤 날은 여러 가지 감정이 복잡하게 얽혀 있을 수도 있고 어떤 날은 너무나 단조로울 수 있다. 우리 아이들도 그렇다. 어떤 날은 스스로 감당 못 할 정도로 여러 가지 감정들이 혼란스러워 괴로울 수 있고, 어떤 날은 로봇처럼 무감각하게 보여질 수도 있다. 우리는 그것을 인정해야 한다. 그것을 수업이라는 틀로 못 박는 순간 감성수업이라는 것도 다른 여타의 수업과 같이 주어진 조건에 알맞은 감정을 찾는 수업으로 전락할 수밖에 없다.

우리들의 수업에 무조건이라는 조건을 없애야 한다.

그림일기로 하루 마무리하기

문제중심학습(Problem Based Learning) 수업 이야기

수업의 시작

특수학교에서 연구부장을 하면서 학부모 초청 공개수업이나 연구 수업 계획 등을 보면 특수교사들이 어떤 교과 수업을 선호하고, 기피하는지 금방 파악할 수 있다. 예컨대, 국어나 사회 교과는 일상생활과 연계하여 수업을 구성하기 좋고, 과학은 실험이나 탐구활동으로 활동적인 수업을 보여 줄 수 있다. 또한 예체능은 교과 자체가 역동적이며, 작품을 만들어 내는 활동이 주를 이루기 때문에 특수교사 입장에서 수업을 기획하기 수월한 면이 있다. 그러나 수학 교과는 과목의 특성상 수업 구성이 쉽지 않다. 또한 다른 교과에 비해 평소 수학 수업을 계획하고 구성하는 데 어려움이 많았다. 내용에 집중하자니 장애 학생들의 인지수준에 맞지 않고, 활동에 중점을 두자니 수학의 성취기준을 경험하기 어려운 부분이 많았다. 특히 내용이 어렵거나 일상생활과 연결되지 못한 부분이 많이 있어서 학생들이 수업에 흥미를 느끼지 못하고 쉽게 집중력을 잃는 경우가 많았다. 그래서 다른 어떤 교과보다 수학과 수업에 자신이 없었던 것이 사실이다.

그런데 교육실습생 수업을 참관하면서 어떤 깨달음을 얻었다. 그 실습생이 의도했는지 그렇지 않았는지 알 수는 없으나 수업의 동기유발에서 학습 내용과 관련된 문제를 던지는 것이었다. 그 수업을 보면서 머릿속에 떠오르는 단어가 있었다. PBL(Problem Based Learning)!

'아! 지금까지 왜 그 생각을 못했지?'

맞다. 학부 시절에 공부했던 여러 수업 방법 중에서 PBL도 있었다. 물론 그때에는 PBL로 수업을 구성한 적은 없지만 흥미롭게 공부했던 부분이었다. 이 방법을 적용해 보면 의외로 수학과 수업을 쉽고 재미있게 풀어낼 수도 있겠다는 생각을 했다.

그래서 PBL을 기반으로 하되 문제 해결 수업 모형의 과정을 참고하여 수정된 형태의 PBL 수업 방법을 만들어 적용해 보았다.

1단계	2단계	3단계	4단계
문제 발견 및 이해	해결 방안 탐색	해결 방안 익히기	문제 해결
• 학습할 내용과 관련된 문제 제시 • 학생은 문제를 발견하며, 문제의 의미를 이해함	• 해당 차시 학습 내용을 학습하며 해결 방안을 탐색함	• 학습 내용 관련 놀이 활동을 통해 다양한 상황에 적용하고, 방안을 익힘	• 1단계에 제시된 문제를 다시 확인하며 학습한 내용을 적용하여 문제를 해결함

1단계. 문제 발견 및 이해　이 단계는 동기유발에 해당하는 부분으로, 이번 차시에서 학습할 내용을 적용하면 해결할 수 있는 문제를 제시한다. 이때 제시되는 문제는 장애 학생들이 일상생활에서 겪을

수 있는 상황을 문제 상황으로 재구성하여 제시한다. 그리고 학생들은 제시된 문제 상황 속에서 해결해야 할 문제를 발견하고, 어떤 것을 공부해야 하는지 이해하게 된다. 이때 과제 해결 방법과 과정은 해당 차시의 학습 내용을 배우고 익히면 해결할 수 있다.

2단계. 해결 방안 탐색   이 단계에서는 제시된 문제를 해결하기 위해 알아야 할 내용을 학습하는 단계이다. 여기에서는 교사가 주도적으로 학습 내용과 해결 방법 등을 제시한다. 그러면 학생은 교사 활동과 과제 해결 방법을 모방하며 해결 방안을 탐색한다.

3단계. 해결 방안 익히기   이 단계에서는 2단계에서 배운 해결 방안을 다양한 형태(상황)로 응용해 보고 심화·보충하는 단계이다. 주된 활동은 놀이 활동으로 구성하며 학생의 인지수준과 수행능력을 고려하여 수행시간에 차이를 두거나, 놀이 난이도를 조절한다. 이를 통해 장애에 따른 수준별 학습을 운영할 수도 있고, 모둠을 나눠 경쟁형 놀이를 응용한 협동학습 형태로 운영할 수도 있다. 따라서 3단계의 놀이 활동을 구성하는 것이 이 수업의 핵심 포인트라고 말할 수 있다.

4단계. 문제 해결   이 단계에서는 1단계의 문제를 다시 가지고 온다. 그리고 앞 단계에서 배우고 익혔던 내용을 다시 떠올려 문제를 해결한다. 이 단계를 통해 문제 해결의 성취감을 느끼는 것뿐 아니라 학습한 내용을 일상생활로 일반화시킬 수 있는 계기가 마련된다.

위의 단계는 내가 수학과 수업을 쉽고 재미있게 하려고 임의로 만들어 본 과정이다. 따라서 다른 특수교사나 장애 학생들에게 맞지 않을 수도 있다. 하지만 이런 프레임을 만들고 적용해 보니 수학과 수업에 대한 자신감까지는 아니지만 최소한 기피하지는 않게 되었다.

수업과 만나기

PBL 기반 교수·학습 과정안

대상	고1-1	교과	수학	단원	6. 쌓기 나무(1)	차시	3/5
학습 주제	쌓기 나무						
성취 기준	쌓기 나무로 만든 입체도형의 위, 앞, 옆에서 본 모양을 표현한 것으로부터 입체도형의 모양을 안다. *2011 개정 특수교육 교육과정						

학습 목표	쌓기 나무를 똑같이 쌓을 수 있다.		
	가(상)	나(중)	다(하)
	제시된 쌓기 나무를 똑같이 쌓을 수 있다.	밑그림이 그려진 그림판을 이용하여 쌓기 나무를 쌓을 수 있다.	쌓기 나무를 쌓을 수 있다.

학습 과정	교수·학습활동			
	교사 활동	학생 활동		
		가(상)	나(중)	다(하)
문제 발견 및 이해	•상자를 어떻게 해야 원숭이가 바나나를 먹을 수 있을지 질문하기	•교사의 질문을 듣고 자신의 생각 표현하기		
		- PPT를 보고 원숭이가 바나나를 먹을 있는 방법을 생각해 보고 발표한다.		- PPT를 보고 원숭이가 바나나를 먹을 있는 방법을 생각한다.
	•공부할 문제 설명하기	•공부할 문제 확인하기 쌓기 나무를 똑같이 쌓아 봅시다.		

해결 방안 탐색	활동1 • 똑같이 쌓기 활동 설명하기	• 제시된 문제를 보고 똑같이 쌓기		
		- 문제를 보고 어떻게 쌓을지 고민하고 쌓아 본다.	- 밑그림이 그려진 그림판 위에 쌓기 나무를 올려 모양을 맞춘다.	
		- 먼저 해결하면 옆 친구를 돕는다.	- 친구의 도움을 받아 제시된 쌓기 나무와 똑같이 쌓는다.	- 교사의 도움을 받아 제시된 쌓기 나무와 똑같이 쌓는다.
	• 해결 과정 안내하고 확인하기	• PPT를 보고 해결할 문제 확인하기		
		- PPT를 보고 문제 해결 과정을 관찰한다. -자신이 만든 것과 비교한다.		
해결 방안 익히기	활동2 • 릴레이 쌓기 놀이 규칙 확인 및 설명하기	• 놀이 규칙을 듣고 참여하기 〈규칙〉 1. 3인 1조, 4인 1조 2모둠을 만든다. 1. 모둠별 나올 순서를 정한다. 1. 문제를 확인하고 '시작'을 외치면 각 모둠별 한 명씩 나와 똑같이 쌓기 나무를 쌓는다. 1. 1인당 15초씩 부여하고 문제를 해결하지 못하면 같은 모둠 다음 사람에게 기회가 넘어간다. 1. 두 팀이 경쟁하여 먼저 끝난 모둠에 자석이 부여됨 1. 자석이 많은 팀이 승리		
	• 놀이 운영 및 정답 확인시키기	• 놀이 참여 및 스마트패드로 정답 확인하기		
		- 그림을 보고 같은 모양을 쌓는다.	- 또래의 도움을 받아 놀이 활동에 참여한다.	
		- 스마트패드에 찍힌 쌓기 나무 사진과 그림에 있는 모양을 비교하며 정답을 확인한다.		
문제 해결	• 문제 제시 및 해결 방법 질문하기	• 원숭이가 올라갈 수 있는 모양 만들기		
		- 원숭이가 바나나를 먹기 위해 필요한 계단을 쌓기 나무로 쌓는다.		- 원숭이가 바나나를 먹기 위해 어떤 모양의 블록이 필요한지 선택한다.

수업은 흔적을 남긴다-수업이 재미있다

원숭이가 바나나를 따려면 나무 상자를
어떻게 쌓아야 할까?(문제 발견 및 이해)

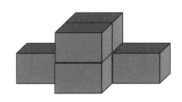

입체도형-같은 모양으로 쌓기
(해결 방안 탐색)

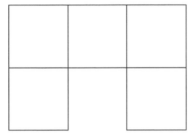

쌓기 놀이 밑그림(해결 방안 익히기)

상자를 이용하여 계단 만들기(문제 해결)

"장애 학생들 데리고 PBL(Problem Based Learning)을 한다고?
되겠냐?"

"PBL은 너무 어렵지 않을까? 애들 할 수 있는 걸로 해."

"말도 제대로 안 되는데 PBL이 돼?"

역시 부정적인 반응이 지배적이었다. 지적장애 특수학교에서 PBL
을 한다고 하니 긍정적인 대답이 나오기는 어려울 거라 생각했다.
그나마 몇 분은 괜찮은 도전이라고 응원했지만 정말 잘될 가능성이 있어서 그렇게 반응한 것 같지는 않았다. 오히려 실패할 것을 염두에 두고 미리 위로와 격려를 해 주는 것 같았다.

그런데 수업의 결과는 예상과 전혀 다르게 너무 재미있는 수업이었다. 심지어 무기력증에 사로잡혀 있는 정호까지 수업 활동에 참여하면서 과제 해결에 한몫을 했다. 해결 방안 탐색 부분을 놀이 활동으로 구성해서 스스로 해결 방안을 찾기보다 주어진 방법을 실천해 보고 경험해 보는 것으로 수정을 하긴 했지만 정호까지 이렇게 적극적으로 나올지는 몰랐다. 역시 놀이는 모든 학생들이 참여할 수 있고, 놀이의 난이도 조절을 통해 수준별 학습까지 가능하게 만드는 최고의 방법인 것 같다.

한편으로 이런 생각을 해 본다. 장애 학생들이어서 PBL에 참여 못하는 것이 아니라 특수교사인 내가 시도해 보지 않아서, 참여할 기회가 없었던 것은 아닐까. 일반 학생들을 대상으로 하는 수업처럼 그 과정을 똑같이 밟아 갈 수는 없을 것이다. 하지만 PBL의 목적은 살려 놓고 그 과정을 장애 학생들이 도전해 볼 수 있는 수준 또는 활동들로 구성해 주면 PBL과 같은 형태의 수업도 가능하다고 생각된다. 이번 수업에서도 문제를 해결해 가는 과정은 일반적인 PBL과 많은 차이가 있었다. 해결 방법을 교사가 제시해 줬고 아이들은 그 방법에 따라 놀이만 했을 뿐이다. 이 때문에 자기주도성은 높지 않았지만 놀이 규칙을 모둠별 릴레이 방식으로 만들고, 단계별 미션으로 놀이를 진행하니 협동학습과 개별학습이 어느 정도 충족되었다. 그러면서 정리활동에서는 문제까지 해결할 수 있었다.

만약 정형화된 PBL을 고수했다면 분명 이 수업은 실패했을 것이다. 아니, 시도조차 하지 못했을 것이다. 하지만 목적은 유지하되 방법을 수정하니 우리 아이들도 PBL이 가능했다.

그렇다. 중요한 것은 PBL을 이론처럼 똑같이 했냐가 아니다. 절차와 과정이 달랐어도 그 안에 새로운 경험이 있고 배움이 있을 수 있다면 그 수업은 도전 자체로도 큰 가치가 있다.

자! 그럼 다음으로 도전할 수업을 찾아보자.

'가상현실로 만나다'
VR(Virtual Reality) 활용
수업 이야기

4차 산업혁명과 특수교사의 역할에 대한 생각

4차 산업혁명이라는 말은 이제 생소함이 아닌 너무나 익숙한 말이 되었다. 그리고 4차 산업혁명은 우리의 생활 패턴에 약간의 영향을 주는 것을 넘어 일상생활의 모습을 바꿔 가고 있다. 모니터를 보고 하는 게임에서 가상현실 기반의 액션 게임들이 출시되고 있고, 손으로 스위치를 눌러 불을 켜는 것에서 말로 불을 켜고 하루의 스케줄을 확인할 수 있게 되었다. 뿐만 아니라 스스로 주차를 해 주는 수준에서 자율 주행을 할 수 있는 자동차까지 상용화됨에 따라 우리의 삶은 편리함은 물론이거니와 모든 것을 말이나 손가락으로 제어할 수 있는 환경까지 마련되었다.

이러한 변화에 대한 우리의 교육현장의 모습은 어떨까? 시대적 변화에 반응하여 교육과정은 개정되었으며, 이 시대에 필요한 인재 양성을 위해 핵심역량을 강조하고 있다. 특히 정보화 시대로의 변화에 따라 소프트웨어 교육이 강조되었으며, 자유학기제나 자유학년제와 같은 다변화된 사회에서 진로·직업을 경험하고 선택할 수 있는 교육과정까지 마련되었다. 교육과정은 시대의 변화에 가장 민감하게 반응하고 있으며, 이에 따라 교실 수업의 모습도 변화해 가고 있다.

그렇다면 과연 특수교육은 시대적 변화에 맞춰 어떻게 반응하고 있을까. 장애 학생들과 함께 만들어 가는 수업 장면에서 어떤 도전들이 시도되고 있으며, 어떤 변화의 모습들이 펼쳐지고 있는지 한번 고민해 보아야 할 때이다. 단순히 VR, AR, 코딩을 경험했다는 수준을 넘어 이를 활용하여 경험의 범위를 얼마나 넓혀 주고 있는지, 나아가 어떻게 수업으로 이끌어 내고 있는지 고민해 보아야 할 때이다. 순간의 경험은 좋았던 순간, 재미있었던 기억으로 남겨지기 쉽다. 그러나 그것이 반복되고 학습되면 삶이 된다. 수업은 좋았던 순간과 재미있었던 기억을 삶으로 만들어 주는 과정이다. 따라서 특수교사인 우리는 발전된 시대의 산물을 수업으로 이끌어 내야 할 책임이 있으며 이를 위해 연구하고 도전해야 한다.

수업의 시작

그래, 이거야!

겨울방학을 이용해서 VR 관련 연수를 들었다. 텔레비전이나 인터넷 매체를 통해서 VR이 무엇인지 자주 들어 보았지만 실제로 경험해 보고, VR 영상을 만들어 본 것은 이 연수가 처음이었다. 그런데 생각보다 VR 영상(360영상)을 만드는 것이 어렵지 않고, HMD(Head mounted Display)와 스마트폰만 있으면 학교에서 활용하기에 복잡하지도 않아 보였다. 특히, 장애 학생들과 수업을 할 때 사진이나 영상자료를 많이 사용하는데, 아무래도 전체보다는 부분적으로 자료를 제시할 수밖에 없는 상황에서 VR은 전체를 자료로 제공할 수 있는 효과적인 방법이라 생각했다.

여기에 한 가지 더! 만약 수업 장면에서 A라는 학생이 VR 영상을 보고 있고, 나머지 학생들은 텔레비전을 통해 A학생이 보고 있는 VR 영상을 공유할 수 있다면 그 수업은 어떤 형태로 이루어질까? 기술적으로 그것이 가능하다면 수업의 각 단계에서 충분히 효과적으로 활용할 수 있을 것 같은 생각이 들었다.

그리고 연수가 끝나자마자 VR을 수업에 활용하기 위한 연구를 시작했다.

가장 먼저 한 일은 360카메라를 구입하여 직접 VR을 만들어 보는 것이었다. 다음으로 학생이 보고 있는 VR 영상을 미러링을 통해 다른 학생들도 볼 수 있도록 하는 방법을 연구하는 단계였는데, 기술적인 부분에서 막혔을 때는 밤을 새워 가며 해결 방법을 찾아보기도 했다. 그러나 가장 어려웠던 것은 VR을 수업에 도입하기 위한 수업 방법을 체계화시키는 일이었다. 아무리 흥미롭고 효과적인 자료라 할지라도 그것이 수업으로 연결되지 못한다면 순간의 이벤트로 지나갈 수밖에 없었다. 따라서 VR을 수업으로 연결하는 과정을 구체화시키는 것이 가장 중요했으며 여기에 가장 많은 공을 들였다.

VR 활용 환경 만들기

VR을 경험하고, 수업에 활용하기 위해서는 미러링 환경이 기본적으로 구축되어야 한다. 기본적으로 VR은 1인칭 시점에서 HMD를 쓴 사람만 경험하는 것이기 때문에 해당 경험을 학급 전체의 경험으로 연결시키기 어렵다. 그러나 미러링이 가능한 교실 환경이라면 이야기는 달라진다. HMD를 쓴 학생이 보고 있는 VR 영상을 미러링을 통해 다른 학생들이 함께 공유하는 순간 개인의 경험이 수업에 참여하고 있는 모두의 경험으로 확장된다. 반대로 말하면 미러링이 되지 않는 경우는 개인의 경험에 그치기 때문에 수업으로 연결시키는 것이 불가능하다. 물론 HMD를 쓰지 않고 360도 화면으로 VR 콘텐츠를 제공할 수 있다. 그러나 그것은 일반 사진(또는 영상)을 여러 장 제시해 놓은 것과 큰 차이가 없기 때문에 HMD를 쓰고 경험한 것과 동일하다고 말하기 어렵습니다. 따라서 VR을 수업에 활용하기 위해서는 가장 우선적으로 미러링 환경을 만드는 것이 첫 번째로 필요한 작업이다.

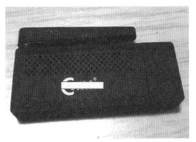
디바이스

소프트웨어(예: 모비즌)

미러링을 할 수 있는 방법은 다양하다. 먼저 스마트 TV를 쓰고 있는 교실이라면 편하게 미러링을 할 수 있다. 대부분의 스마트 TV는 자체적으로 미러링을 할 수 있는 기능이 있기 때문에 안드로이드 기반의 스마트폰이라면 추가 장치 없이 바로 미러링을 할 수 있다. 그러나 스마트 TV가 아닌 경우는 미러링을 위한 추가 장치 또는 어플리케이션이 필요하다. 앞의 사진은 미러링을 할 수 있는 디바이스와 소프트웨어다. 한편 iOS 기반의 스마트폰은 제한되는 부분이 많다. 폐쇄성이 강화된 OS인 만큼 미러링을 포함하여 다른 장치들과 호환하기 위해서는 다른 장치들이 필요하다.

VR 경험을 위한 준비

스마트폰

교실 수업에 VR을 활용하는 데 가장 중요한 것은 스마트폰이다. 만약 HMD(Head Mounted Display)가 있다 하더라도 스마트폰이 없다면 VR을 플레이할 방법이 없다. 아무리 좋은 콘텐츠, 성능 좋은 HMD가 있어도 콘텐츠를 플레이할 스마트폰이 없으면 VR을 경험하는 것은 불가능하다. 스마트폰은 안드로이드 기반이든, iOS 기반이든 크게 영향을 받지 않는다. VR 콘텐츠의 용량에 따라 고성능 스마트폰이 있으면 좋겠지만 수업 장면에서 사용하는 콘텐츠의 경우 용량이 크지 않기 때문에 보급형 스마트폰으로도 얼마든지 플레이가 가능하다. 그러나 미러링 기능을 생각한다면 iOS 기반 스마트폰보다는 안드로이드 기반 스마트폰이 훨씬 유용하다. 또한 보급형 스마트폰의 경우 미러링 기능이 없을 수도 있기 때문에 이 부분을 정확히 확인해야 한다.

HMD(Head Mounted Display)

HMD의 경우 종류가 매우 다양하다. PC 기반의 일체형이 있고, 완성 형태로 나온 제품, 조립이 필요한 카드보드 형태가 있다. 형태에 따라 가격, 디자인, 사용 가능한 스마트폰 크기 등 그 종류가 매우 다양하다. 따라서 어떤 특정 제품을 하나만 쓰기보다 여러 제품을 사용해 보고 장애 학생이 조작하기 쉽고, 초점 맞추기 용이한 제품을 선택해야 한다.

장애 학생의 경우 인지수준에 따라 HMD에 스마트폰을 끼워 넣는 것 자체가 어려운 경우가 있다. 때문에 스마트폰을 고정하는 과정이 여러 단계로 나누어진다면(예: 밴드로 스마트폰을 고정하는 경우) 그 제품을 실제 수업에서 사용하기 어려울 수 있다.

또한 초점을 맞추기 위한 조절 나사가 있는 경우 그것이 HMD의 어느 부분에 위치해 있느냐도 중요하다. 만약 HMD의 손을 감싸는 부분에 조절 나사가 있다면 그 제품도 선택하지 않는 것이 좋다. 왜냐하면 교사가 영상의 초점을 맞춰 놓았다 할지라도 학생이 HMD를 만지면서 조절 나사를 건드릴 수 있기 때문이다.

HMD를 선택할 때 중요한 요소가 한 가지 더 있다. 요즈음 스마트폰의 크기가 커지면서 HMD도 커지고 있는데, 스마트폰에 따라서 교사가 보유한 HMD와 크기가 맞지 않을 수 있다. 이럴 경우 VR

영상이 두 개로 겹쳐 보이거나 초점이 전혀 맞지 않을 수 있기 때문에 스마트폰의 크기 또한 고려해야 한다.

유형		특징
스마트폰 탈착형		스마트폰을 디바이스로 사용하여 가격이 저렴하지만 스마트폰의 성능에 따라 사용할 수 있는 콘텐츠의 한계가 있다. 또한 전용 플랫폼을 써야 하는 경우도 있기 때문에 직접 사용해 보지 않고 샀을 때는 실패할 확률이 높다.
조립식 카드보드형		종이로 만들어져 매우 저렴한 가격과 우수한 기능으로 누구나 손쉽게 사용할 수 있으나, 내구성이 약할 수 있다. 그러나 최근에는 튼튼한 제품도 많아 기대 이상의 만족감을 줄 수 있다.
일체형		PC와 연결하여 사용되며 넓은 시야각과 고사양의 콘텐츠도 사용할 수 있지만 가격이 비싸다. 일체형의 경우 전용 PC의 성능도 좋아야 끊기지 않고 원활하게 사용할 수 있다. 최근에는 컴퓨터 없이 사용할 수 있는 일체형 VR 기기도 출시되고 있으나 PC와 연결해서 사용하는 것과 콘텐츠의 양과 질에서 큰 차이를 보인다.

이미지 출처: 구글 이미지.

VR 플레이어

VR 플레이어는 VR 콘텐츠 재생을 위해 꼭 있어야 하는 소프트웨어이다. VR 플레이어를 선택할 때 고려해야 할 사항은 가장 먼저 조작의 편리함이다. 수업에서 VR을 쓰기 위해서는 교사가 사용하기 편리해야 한다. 복잡한 단계는 없어야 하며 사진이나 동영상 모두를 플레이할 수 있어야 한다. 따라서 다양한 기능보다는 사진과 영상을 재생하는 기능만 있는 것이 가장 좋다. 또 한 가지 고려해야 할 점은 자체 제작한 콘텐츠를 재생할 수 있어야 한다. 소프트웨어에 따라 정해진 플랫폼의 영상이나 사진만 재생할 수 있는 경우가 있다.

이럴 경우 제작한 콘텐츠를 업로드하고, 그것을 웹상에서 플레이해야 하는 번거로움이 있기 때문에 그런 플레이어는 과감하게 삭제하는 것이 좋다(플레이어 추천: KM Player VR, VaR's VR Video Player).

360 카메라

360 카메라는 VR 콘텐츠를 만들어 사용하는 데 반드시 있어야할 디바이스다. 360 카메라는 전면과 후면에 모두 렌즈가 장착되어있다. 그 이유는 VR의 개념이 면이 아닌 공간의 개념을 갖고 있기때문에 카메라가 있는 공간을 찍기 위해 앞, 뒤로 렌즈가 위치해 있다. 360 카메라의 원리는 간단하다. 어안렌즈를 활용하여 카메라를기준으로 180도 이상을 앞, 뒤로 촬영하고 이후 프로그램을 활용하여 중첩되는 부분을 하나의 화면으로 연결하여 VR로 완성한다. 이때 중첩되는 부분을 하나의 화면으로 만드는 작업을 스티치stitch라고 한다. 말 그대로 두 개의 사진을 하나의 사진으로 꿰매는 작업이며, 이 작업을 통해 평면 사진(파노라마 사진 같은)이 공간 사진(또는동영상)으로 바뀌게 된다. 한 가지 고려해야 할 점은 사진인 경우에

360 카메라

앞, 뒤 렌즈

어느 정도 화질이 확보가 되지만 동영상인 경우는 카메라 성능에 따라 화질이 낮을 수 있고 이 때문에 어지러울 수 있다. 따라서 360 카메라를 선택할 때 화질(4K 이상을 추천한다)을 고려해서 선택해야 한다.

VR 콘텐츠 확보하기

VR 콘텐츠를 확보하는 방법은 크게 두 가지로 구분해 볼 수가 있다. 첫 번째는 기존에 만들어져 있는 콘텐츠를 그대로 활용하는 방법이다. 그중에서 교육용 콘텐츠 관련 사이트와 어플을 소개하면 아래와 같다.

사이언스레벨업(https://sciencelevelup.kofac.re.kr/)

사이언스레벨업은 교육용 VR을 직접 제작해 보급하고 있다. 물론 무료로 활용할 수 있으며 교과 내용과 직접적으로 관련되어 있다. 또한 VR 콘텐츠 이외에 AR 자료도 많아서 교과 수업에 도움이 된다.

유튜브

유튜브는 일반 동영상 이외에도 VR 콘텐츠가 많다. 유튜브에서 VR 콘텐츠를 검색할 때 보통 '4K 360 video'로 검색어를 입력하면 다양한 VR 콘텐츠를 찾을 수 있다. 그러
나 여기에는 교육적으로 좋지 못한 콘텐
츠도 많기 때문에 교사가 사전에 확인하
고 사용해야 한다.

구글 익스페디션(expedition)

익스페디션은 구글에서 교육용 VR 콘
텐츠를 직접 제작해서 사용할 수 있게
만든 어플이다. 익스페디션은 안드로이드,
iOS 모두 사용 가능하다. 콘텐츠의 경우
다양한 자료가 많이 업로드되어 있으며
화질에 있어서도 매우 뛰어나다. 익스페디션의 경우 온라인 게임처
럼 가이드가 만들어 놓은 방에 다른 사람들이 접속해 VR을 탐색할
수 있으며, 특히 학생들이 너무 몰입하여 통제가 되지 않을 경우 콘
텐츠가 보이지 않도록 교사가 통제할 수 있다.

VR 콘텐츠를 확보하는 두 번째 방법은 직접 제작하는 것이다. VR
콘텐츠를 제작하는 방법은 어렵지 않다. 가장 간단하게 만드는 방법
은 360 카메라와 스마트폰을 연결하고, 만들고 싶은 공간을 360 카
메라로 촬영한다. 그리고 바로 스마트폰으로 스티치를 한 다음, 플레
이어로 감상하면 끝난다.

필자가 사용하는 360 카메라는 S사의 '기○360(2016)'을 사용한
다. 왜냐하면 수업에서 사용할 수 있을 정도의 화질로 콘텐츠를 제

작할 수 있으며 전용 어플을 통해 촬영하고 스티치하기가 간편하기 때문이다. 그러나 단점은 S사의 스마트폰만 호환이 된다는 점이다. 그것도 '갤○시S6'이상 스마트폰만 사용할 수 있다. 물론 스마트폰이 없어도 사용할 수 있다. 그런 경우 PC에서 전용 프로그램을 사용하여 스티치 작업을 할 수 있으며 화질도 최상의 화질로 유지할 수 있다. 그러나 PC에서 작업한 콘텐츠를 다시 스마트폰으로 옮겨야 하는 번거로움이 있기 때문에 가장 쉽고 편하게 하는 것은 스마트폰에서 촬영하고 편집하는 것이다.

자체 제작 방법

촬영하기

스티치 작업하기

HMD에 넣기

감상하기

VR을 확장하여 사용하기
-교육과정과 연계하여 사용하기

 VR의 가장 큰 장점은 다양성이다. 보통의 학습 매체의 경우 사용할 수 있는 범위가 정해져 있다. 가령, 학생의 체력 증진을 위해 운동 기구를 샀다면 그 기구는 오직 체육활동을 할 때만 사용할 수 있다. 직업 교육을 위해 바리스타실을 만들었다면 그 교실은 오직 바리스타실로만 사용할 수 있다. 그러나 VR은 다르다. 하나의 디바이스만 구비되어 있으면 콘텐츠에 따라 각기 다른 활동에 활용할 수 있다. 물론 현장에서 실물을 가지고 직접 만져 보고 경험하는 것이 가장 좋다. 그러나 매우 빠르게 변하는 시대 상황 속에서 변화의 속도에 맞춰 교육 환경과 매체를 바꿔 나가기는 무리가 있다. 그런 면에서 VR은 간접적이긴 하나 기존의 다른 자료·매체에 비해 구체적이고, 현실성이 높다고 말할 수 있다. 예를 들어, VIVE 장비를 교실에 구비해 놓고 교과교육, 안전교육, 예술·체육 활동, 여가 활동 등 필요에 따라 관련 콘텐츠를 플레이하면 된다. 따라서 VR은 학생 활동 중심 매체이면서 교육 자료의 다양성과 시대적 변화에 따른 적응력을 높여 준다고 말할 수 있다.

신체활동과 연계하여 사용하기

VR 활용의 한계
 디바이스(예: VIVE 또는 스마트폰)를 기본으로 한 VR 활용에 몇 가지의 제한점이 있다. 그중 가장 큰 제한점은 사용자가 디바이스를 조작할 수 있어야 한다는 것이다. HMD를 사용할 때 눈의 초점을 맞추기 위해 사용자는 렌즈의 거리를 조정해야 한다. 또한 스마트폰을 이용해서 VR을 감상할 때 갑자기 스마트폰이 멈춘다거나, 화면이 맞지 않을 때 사용자가 대처를 해야 한다. 이런 제한점을 보완하는 방법은 있다. 그러나 기본적으로 사용자가 디바이스를 조작할 수 있어야 원활하게 VR을 활용할 수 있는 것이다. 결정적으로 VR을 사용할 때 사용자가 VR 영상을 제대로 보고 있는지, 초점상의 문제는 없는지 판단하고 표현할 수 있어야 한다. 그러나 장애의 종류와 정도에 따라 이런 표현 자체가 어려운 경우가 있다. 만약 이런 상황이라면 VR 활용이 오히려 교육적 효과를 떨어뜨릴 수 있다. 따라서 디바이스 조작을 중심으로 한 VR은 어느 정도 사용자의 인지수준을 요구한다.

신체활동 기반의 VR 활용

디바이스 중심의 VR 활용의 한계를 보완할 수 있는 것이 사용자의 신체활동과 VR을 혼합한 형태, 즉 가상현실 스포츠실이다. 가상현실 스포츠실은 스크린 야구나 스크린 골프를 예로 들 수 있다. 사용자가 스크린 야구를 한다고 가정했을 때 사용자는 특별한 디바이스를 착용할 필요 없이 평소 하는 것처럼 야구공을 스크린에 던진다. 이때 스크린에는 3D로 만들어진 야구 경기장이 투사되고 있다. 사용자가 던진 야구공은 센서에 인식되어 스크린 상에 나타나게 되는데 야구공은 사용자가 던진 공의 속도와 방향에 맞춰 날아간다.

가상현실 스포츠실은 콘텐츠를 어떻게 구성하느냐에 따라 스포츠 활동뿐 아니라 교과 관련 활동, 여가 활동 등 다양한 형태로 활용할 수 있다. 가장 큰 장점은 디바이스를 장착하거나 조작할 필요 없이 직관적으로 인식하고 움직이면 그 결과가 스크린에 그대로 나타난다는 것이다. 그래서 인지수준이 낮거나 신체능력이 떨어지는 장애 학생이라 할지라도 활동에 적극적으로 참여할 수 있으며, 자신의 행동에 따른 결과가 스크린에 즉각적으로 나타나기 때문에 활동의 동기와 흥미를 높여 준다.

그러나 여기에도 제한점은 있다. 신체활동 기반 VR을 활용하기 위해서는 전용실을 구축해야 하며 그 비용 또한 적지 않다는 것이다. 뿐만 아니라 디바이스 중심의 VR 활용에 비해 활용할 수 있는 영역이 넓지 않다. 디바이스 중심의 VR은 안전, 예술, 문화, 여가, 교육 등 영역의 제한없이 다양한 콘텐츠를 개발해서 사용할 수 있지만, 신체활동 기반 VR은 기술 특성상 신체활동 중심의 콘텐츠로 영역이 제한될 수밖에 없다.

수업과 만나기

VR을 수업으로 연결하기

VR 활용의 장점이자 단점은 재미있다는 점이다. 그래서 처음 VR을 접하는 학생들은 기대 이상의 관심을 보이며 재미를 느끼게 된다는 점이다. 그러나 재미 중심으로 VR을 활용하다 보면 수업 자료로의 역할보다는 이벤트나 강화물로만 사용될 수 있다는 약점이 있다. 따라서 VR을 효과적인 수업 자료로 활용하기 위해서는 교사의 구조화 능력이 필요하다. 다시 말해 VR을 통한 학생의 경험을 어떻게 수업으로 일반화시킬 것인가에 고민과 연구가 필요하다.

아래의 과정은 VR을 수업으로 연결하는 과정을 구체화시킨 것이다. 학생이 VR을 볼 때 어떤 단계로 인식하며, 각 단계를 거쳐 자연스럽게 학습 활동으로 연결할 수 있는지를 구체화시켜 놓았다. 이 과정은 실제 수업에서 각 단계를 모두 거치지 않을 수도 있으며 다른 변수가 생길 수도 있다. 그러나 이와 같은 과정을 체계화시켜 놓음으로써 교사는 각 단계에 적절한 발문을 준비할 수 있으며, VR을 통한 경험이 학습으로까지 이어질 수 있도록 수업을 설계할 수 있다.

관심		탐색		인식		일반화
관찰의 단계에서는 가상현실 자료 자체에 자극을 받고 관심을 갖게 된다. 가상현실이라는 새로운 자료와 공간에 관심이 집중된다.	⇨	탐색 단계에서는 학생의 시선이 옮겨짐에 따라 공간이 움직이게 되고, 움직이는 공간 안에서는 다양한 인물이나 사물, 상황들이 학생의 호기심과 흥미에 따라 초점이 맞춰진다.	⇨	인식 단계에서는 학습 목표나 활동에 따라 어디에 관심을 가져야 하고 어떤 사람, 사물, 상황에 초점을 맞춰야 하는지 인식하게 된다.	⇨	일반화 단계에서는 HMD를 벗고 탐색과 인식의 과정을 통해 얻게 된 여러 가지 내용들을 하나의 학습 목표나 내용으로 일반화한다.

1단계 관심

관심의 단계에서는 가상현실 자료 자체에 자극을 받고 관심을 갖게 된다. 가상현실이라는 새로운 자료와 공간에 관심이 집중된다.

2단계 탐색

탐색 단계에서는 학생의 시선이 옮겨짐에 따라 공간이 움직이게 되고, 움직이는 공간 안에서는 다양한 인물이나 사물, 상황들이 학생의 호기심과 흥미에 따라 초점이 맞춰진다. 교사의 발문을 통해 단순한 탐색이 아닌 학습 목표나 내용과 관련된 내용을 중심으로 탐색할 수 있다.

예) 도입: 지금 어떤 상황인지 한번 살펴봅시다. 보이는 물건들에 관심을 갖고 탐색해 봅시다. 주변 사람들이 어떤 행동을 하고 있는지 행동에 관심을 가져 봅시다.

3단계 인식

인식 단계에서는 학습 목표나 활동에 따라 어디에 관심을 가져야 하고 어떤 사람, 사물, 상황에 초점을 맞춰야 하는지 인식하게 된다. 학습 목표나 내용을 인식시키기 위한 방법으로 발문 기법이 주로 활용된다.

예) 여기는 어떤 장소일까요? 주변에 어떤 물건들이 보이나요? 지금 어떤 활동을 하고 있나요?

4단계 일반화

일반화 단계에서는 HMD를 벗고 탐색과 인식의 과정을 통해 얻게 된 여러 가지 내용들을 하나의 학습 목표나 내용으로 일반화하는 단계이다. 교사의 발문을 통해 토론으로 확장시킬 수 있으며, 성취해야 할 학습 목표나 내용을 찾아내고 일반화할 수 있다.

교수·학습 과정안 적용

- 1~4단계는 가상현실 자료가 투입되는 모든 활동에서 이루어지며 각 단계는 위계를 가지고 있기보다 자료가 투입되는 시기에 따라 순서와 단계가 바뀌거나 생략될 수 있다.
- 각 단계는 분절되는 활동이기보다 자연스럽게 연결되는 하나의 활동 안에서 이루어진다.
- 가상현실 자료는 도입에서는 1, 2, 3, 4단계, 전개와 정리에서는 1, 3, 4단계의 과정을 일반적으로 거친다.

  -도입

예) 2단계(탐색)-오늘은 여기에 나오는 사람들이 하는 행동들과 관련이 되어 있어요.

3단계(인식)-지금 보이는 장소가 어떤 장소인지 잘 살펴보세요.

4단계(일반화)-VR로 본 장소가 어떤 장소인지 발표해 봅시다.

  -전개·정리

예) 3단계(인식)-주변에서 소화를 돕는 물건들을 찾아봅시다.

4단계(일반화)-영상에서 사람들이 불을 끄기 위해서 했던 행동들을 보고 화재가 났을 때 어떻게 해야 하는지 발표해 봅시다.

교수·학습 과정안

VR 활용 교수·학습 과정안

대상	중3-2	교과	과학	단원	8. 화재와 안전	차시	14/14

학습 주제	소화의 조건

성취 기준	연소와 소화의 조건을 확인하고, 연소와 소화와 관련지어 이해한다. 화재 예방 및 화재 발생 시의 안전 대책을 안다. *2011 개정 특수교육 교육과정

학습 목표	화재의 위험성을 알고 연소의 조건을 찾을 수 있다.		
	가(상)	나(중)	다(하)
	화재의 위험성을 말하고 실험을 통해 촛불을 끌 수 있는 방법을 찾을 수 있다.	화재의 위험성을 따라 말하고 촛불을 끄는 실험에 참여할 수 있다.	화재의 위험성을 관찰하고 불을 끄는 실험에 참여할 수 있다.

학습 과정	교수·학습활동			
	교사 활동	학생 활동		
		가(상)	나(중)	다(하)
준비 활동	• 문제 인식시키기	• VR 영상을 보고 영상에 나온 직업과 하는 일을 말한다. 1. 119 신고 접수 후 소방차가 출동하는 장면 2. 소방차 안에서 소방관들이 준비하는 장면		
	가상현실 핵심 발문하기 • 영상에서 보이는 직업은 무엇일까요? 무엇을 하고 있나요?	– VR 영상을 보고 직업의 이름과 하는 일을 말한다.	– HMD를 쓰고 주변을 탐색한다 – 교사의 발문을 듣고 장면 탐색한다.	– 친구가 보고 있는 VR 영상을 관찰한다.
	• 공부할 문제 안내하기	• 공부할 문제 확인하기 불을 끌 수 있는 방법을 찾아봅시다.		
중심 활동	활동1 • 불의 위험성 찾기 활동 설명하기	• 경험과 검색을 통해 화재의 위험성을 찾는다.		
		– 자신의 경험과 스마트폰 검색을 통해 화재의 위험성을 찾는다.	– 교사의 도움을 받아 화재의 위험성을 찾는다.	– 보조 교사의 도움을 받아 화재의 위험성을 찾는다.

중심 활동	활동2 • 촛불 끄기 실험 안내 하기	• 실험을 통해 촛불을 끌 수 있는 방법을 찾는다. 〈실험 순서〉 1. 초에 불을 붙인다. 2. 내가 생각하는 방법으로 촛불을 끈다. 3. 학습지에 방법을 적는다.		
		– 실험 순서에 따라 실험을 수행하고 실험 결과를 학습지에 적는다.	– 교사의 도움을 받아 실험에 참여하고 실험 결과를 학습지에 적는다.	– 보조 교사의 도움을 받아 실험에 참여한다.
정리 활동	• 화재 예방의 중요성 질문하기	• 화재 예방의 중요성을 말한다.		
		– 화재 예방이 왜 필요한지 자신의 생각을 말한다.	– 친구의 말을 주의 깊게 듣는다.	

VR 콘텐츠(소방관)[10]

VR 탐색

스마트패드로 검색하기

---

10. 출처: 유튜브(https://youtu.be/a7DdAQ8MaRg).

수업은 흔적을 남긴다
-한 번은 재미지만, 반복하면 수업이 된다

VR을 수업에 활용해 보려고 할 때 가장 걱정되는 부분이 있었다. 그것은 VR이라는 자료가 배움이 없이 재미로만 끝나 버리는 것은 아닐까 하는 걱정이었다.

어떤 것이든 새로운 것을 봤을 때는 신기하고, 재미있어 보인다. 그러다 한두 번 경험해 보고, 눈에 익으면 이내 관심이 떨어지고 만다. VR도 마찬가지였다. 처음에 그것을 보았을 때는 학생들이 '우와' 하면서 신기해하면서 서로 써 보려고 적극성도 보였다. 그런데 그것에 익숙해지니 처음보다 관심도와 적극성이 떨어졌다.

그래서 모든 수업에 VR을 쓰기보다 교육과정 분석을 통해 VR을 쓰기 적절한 내용을 선정하여 활용했다. VR 자체에 관심을 갖게 하는 것보다 오늘 공부를 위해서 또는 오늘 배운 것들을 VR을 통해 경험하거나 일반화한 것이다. 그랬을 경우에 VR은 수업의 중심이 아닌 수업의 주변에서 수업이 효과적으로 이루어질 수 있도록 도와주는 무척 흥미롭고 힘 있는 자료가 된다.

VR을 수업에 활용했을 때의 장점은 확실하다. 평면적인 경험이 아니라 공간적인 경험을 제공할 수 있기 때문에 교사 중심의 일방적인 자료 제시가 아니라 학생이 선택적으로 정보를 관찰할 수 있다. 또한 물리적 제약에서 벗어나기 때문에 다양한 환경과 상황을 간접적으로 경험해 볼 수 있다. 특히 특정 학생이 보고 있는 VR 영상을 다른 학생들도 공유할 수 있기 때문에 수업 참여에 소극적인 학생들도 수업에서 적극적인 안내자 역할을 할 수 있다. 그러나 치명적인 단점이 있다. 장애 학생의 경우 장애에 따라 HMD를 쓰지 않으려고 하거나, 쓰더라도 눈을 감아 버리는 학생이 있었다. 또한 학생이 정말 영상을 보고 관찰을 하고 있는지 확인할 수 있는 방법이 없었다. 따라서 어느 정도 인지수준이 있는 장애 학생들에게 적합한 자료가 VR이라는 결론을 내렸다.

모든 수업이 그렇겠지만 어떤 새로운 수업을 시도하고 능숙해지기까지는 꽤 오랜 시간이 필요하다. VR같이 다양한 기기를 써야 할 때는 더욱 그렇다. 그래서 처음에는 이걸 계속하는 것이 맞는 건지 의심이 들 때도 많았지만 결국에는 VR과 수업에 대한 나름의 결론을 내릴 수 있게 되었다. 만약 재미로 VR을 한번 해 보는 것이었다면 수업은 절대 나오지 않았을 것이다. 하지만 반복해서 연구하고, 활용해 보니 수업이 되었다. VR을 수업으로 이끌어 내기까지 직접 VR 영상도 만들어 보고, 관련 디바이스를 능숙하게 다루기 위한 연습도 필요했다. 그러다 이 과정들에 익숙해지니 필요한 때, 원하는 방식으로, 능숙하게 활용할 수 있게 되었다. 무엇보다 재미로만 끝날 수 있던 VR을 수업으로 만들어 낼 수 있게 된 것에서 보람과 성취감을 느꼈다.

거꾸로 교실
수업
이야기

수업의 시작

거꾸로 교실(플립러닝)은 언젠가 한번 꼭 해 보고 싶은 수업이었다. 왜냐하면 특수학교에서, 그것도 지적장애 학생들과 함께 해 보기 어려운 수업이기 때문이다. 나는 성격이 조금 특이한 편이어서 뭔가 어려워 보이거나 힘든 상황을 일부러 찾아 들어간다. 그리고 거기에서 하나씩 문제를 해결해 나갈 때 희열을 느끼고 그런 것을 즐기는 타입이다. 그래서 충분히 해 볼 만한 것에 에너지를 쏟기보다 '그게 되겠어?'라고 의심이 들 만한 일에 도전을 한다.

거꾸로 교실이 그랬다. 일반 학교, 아니 특수학급만 되어도 특수학교 장애 학생들에 비해 대체적으로 인지수준이 높은 편이기에 충분히 해 볼 만하다고 생각할 수 있다. 왜냐하면 거꾸로 교실은 수업 시간에 해야 하는 학습 내용을 가정에서 디딤영상으로 미리 학습하고, 실제 수업 시간에는 그와 관련된 과제를 창의적인 방법을 통해 해결하는 활동을 해야 하기 때문이다. 그러나 지적장애 특수학교에서는 이 과정 자체를 운영하기 어렵다. 디딤영상을 스스로 찾아보기도 어렵고, 봤다 하더라도 그 내용을 온전하게 이해하고 수업에 들어올 학생이 거의 없다는 것이다. 극단적으로 표현하면 한 명도 없을 수 있다. 그래서 거꾸로 교실을 연구해 보고자 했을 때 '과연 이 수업이 우리 아이들에게 적절한가, 효과적인가'라는 생각을 많이 했었다.

거꾸로 교실 자체가 갖는 의미는 있었다.

디딤영상을 보기 위해서는 스마트기기나 PC를 사용해야 하기 때문에 자연스럽게 미디어 환경에 노출시킬 수가 있다. 또한 학습해야 할 내용을 시간적·공간적 제약 없이 반복해서 시청할 수 있기 때문에 인지수준이 낮은 지적장애 학생들의 반복 학습에 효과적이다. 거기에 학생들의 정의적 특성을 고려하여 활동을 고안하면 창의적인 문제 해결은 어렵더라도 학생들이 공부할 문제를 스스로 찾고, 만들어 볼 수 있게 수업을 설계할 수 있을 것 같았다.

한 가지 더! 학생들이 직접 만든 문제를 스스로 탐구해 보고, 결과를 표현할 수 있도록 거꾸로 교실을 수정한다면 장애 학생들이 만들어 가는 수업을 운영해 볼 수 있을 것 같았다. 일반 학생들처럼 학생 중심의 창의적인 수업은 아니지만. 다시 말해 전형적인 거꾸로 교실은 아니지만 수정된 거꾸로 교실을 통해 장애 학생들도 자기주도적 수업을 할 수 있을 것 같은 희망이 보였다.

수업과 만나기

거꾸로 교실의 구성

동영상 제작과 배포는 거꾸로 교실을 실행하기 위한 준비 성격을 갖는다. 수업 시간에 배워야 할 핵심적인 교과 내용을 사전 동영상(디딤영상)으로 만들어서 미리 학생들에게 배포하여 학생들이 집에서 수업 전에 보고 오게 해야 교사가 수업 시간에 강의를 하지 않고 새로운 교실 수업을 운영을 할 수 있다. 이러한 면에서 사전 동영상은 교실 수업 환경을 바꾸어 주는 도구적 역할을 하며, 거꾸로 교실 구성의 디딤돌 역할을 한다. 그래서 사전 동영상을 '디딤영상'이라 부른다.

거꾸로 교실을 구성하면서 주의해야 할 점은 동영상 자체가 이 수업의 본질이 아니라는 것이다. 디딤영상은 교사가 강의를 하지 않기 위한 도구 이상의 성격을 가지지 않는다. 즉, 거꾸로 교실을 동영상 제작과 동일시하는 것은 본질을 매우 흐릴 수 있다.

거꾸로 교실을 하는 목적과 이유는 학생 중심 수업을 위함이다. 학습 상황이나 수준 또는 교과목이나 학습 목표에 따라 다양하게 교실을 창의적으로 구성하고 학습 속도가 다른 학생들을 위한 교사의 개별적인 도움을 주기 위함이다. 또한 학생들의 팀별 활동을 통한 교과 내용의 심화, 적용 활동, 프로젝트 학습으로 연결할 수 있는 가능성을 주기 위함이 거꾸로 교실을 구성하는 목적이라 말할 수 있다.[11]

---

11. 이민경(2016), 『거꾸로 교실, 잠자는 아이들을 깨우는 비밀』, 살림터.

동영상 제작하기

제작 도구	내용
스마트폰 동영상 촬영	• 가장 간단한 방법으로 동영상을 제작하는 방식 • 교사에게 익숙한 칠판에서 강의를 하듯이 진행하고 스마트폰을 고정하여 동영상을 촬영 • PPT나 학습자료를 미리 띄워 놓고 교사가 그 앞에 서서 내레이션이나 설명을 넣어 스마트폰 동영상을 촬영하는 것도 가능 • 칠판이나 프로젝터 등의 도구가 없는 경우 종이 위에 직접 써 가면서 폰으로 촬영할 수도 있음
모비즌 레코더 앱 모비즌 스크린 레코더 – 화면 녹화, 캡쳐, 편집 MOBIZEN	• 플레이스토어에서 무료로 다운받을 수 있으며 화질, 소리, 워터마크 등 사용자가 원하는 방식으로 설정 가능 • 디바이스에 저장된 다양한 학습자료를 불러와서 강의를 진행할 수 있음 • 미리 만들어 놓은 PPT나 한글, PDF 파일뿐 아니라 사진, 동영상, 플래시 등 다채롭게 활용 가능 • 자료 제시 순서를 정해 놓고 앱을 미리 띄워 놓으면 딜레이 없이 촬영 가능 • A사 패드의 경우 기기 자체 녹화기능을 활용할 수 있음

거꾸로 교실로 수업 디자인하기

특수학교에서 거꾸로 교실 운영하기란 쉬운 일이 아니다. 기본적으로 학생들이 스마트폰이나 컴퓨터를 다룰 수 있어야 디딤영상을 감상할 수 있고, 스마트폰이나 컴퓨터를 다룰 수 있다 하더라도 시간을 정해 디딤영상을 봐야겠다는 생각을 할 수 있어야 한다. 그런데 특수학교에서 그런 능력을 갖춘 학생을 찾기란 쉽지 않다. 그래서 거꾸로 교실의 형태를 똑같이 가져와서 운영하기보다 장애 학생들의 기능과 인지적 수준에 맞춰 특수학교화를 해서 거꾸로 교실을 운영할 수 있다.

가. 동영상 제작

일반 학생들을 대상으로 디딤영상을 만들 때 7분 내외가 좋다고 한다. 소위 '짤강'이라고 하는 영상을 만들어서 학습을 하는 것인데 특수학교 학생들에게는 7분이라는 시간도 매우 길다. 실제로 학생들과 5분짜리 동영상을 보기도 어려움이 많다. 그래서 2~3분 정도의 매우 짧은 동영상을 제작해서 학생들이 볼 수 있게 배포하는 것이 효과적이다.

동영상을 만들 때 주로 화면캡처 어플(예: 모비즌 레코더)을 사용했다. 만약 스마트패드를 가지고 있다면 더더욱 '모비즌 레코더'를 추천한다. 왜냐하면 특수학교 교실에서는 많은 사진, 동영상, PPT 자료를 사용하게 되는데, 스마트패드를 이용해서 자료를 제시할 때 딜레이 없이 빠르게 자료 전환이 가능하다. 여기에 스마트패드용 펜이 있다면 필기가 가능해지기 때문에 훨씬 세련된 동영상을 만들 수 있다. 만약 A사의 패드를 사용하고 있다면 굳이 화면캡처 어플을 설치할 필요가 없다. 사용하는 OS 버전에 따라 차이가 있지만 디바이스 자체에 화면을 녹화할 수 있는 기능이 있기 때문에 추가 어플을 설치하지 않고 패드의 화면을 동영상으로 제작할 수 있다.

나. 동영상 배포

제작한 동영상을 배포하는 방법은 여러 가지가 있다. 유튜브를 활용하거나 SNS를 활용할 수 있다. 그중에서 가장 접근성이 좋고 사용하기 편한 방법은 SNS를 활용하는 것이다. 네이버 '밴드'의 경우 글을 쓰거나 동영상을 올리기 수월하고 바로 QR코드로 만들어 사용할 수 있기 때문에 효율성이 좋다. 또한 댓글 달기 기능을 통해 학생들이 동영상을 보았는지 확인할 수 있고, 해당 차시 학습의 과정을 사진으로 올리거나 결과물을 게시했을 때 즉각적인 피드백을 주고받을 수 있다. 또한 '댓글 달기' 여러 가지 스티커를 붙일 수 있기 때문에 터치패드의 사용이 어려운 중도·중복 장애 학생도 자기 평가나 동료 평가가 가능하도록 사용할 수 있다.

동영상 배포

사전 학습 확인

다. 거꾸로 교실 운영

일반적으로 이루어지는 거꾸로 교실을 똑같이 특수학교 교실 수업에 적용하는 것은 쉽지 않다. 학생 중심 수업이라는 거꾸로 교실의 철학은 가져오되 수업을 이끌어 가는 방법은 학급 실정에 맞게 수정하는 것이 필요하다.

1) 디딤영상 시청

디딤영상을 밴드에 올려놓고 시청하도록 독려해 보지만 학생들 대부분은 영상을 시청하지 않는다. 영상을 찾아보고 싶어도 스마트폰이 없거나 사용할 줄을 모르는 경우 많다. 따라서 영상 시청을 위해서 스마트폰을 조작하는 방법, 어플에 접속하는 방법, 회원 가입, 동영상을 선택해서 시청하는 방법 등 세부 기술들을 다른 수업 시간을 활용하여 충분히 연습해야 한다. 그리고 디딤영상을 시청하지 못한 학생들이 대부분인 점을 고려하여 수업 시작 시간을 활용하여 다같이 시청하는 방법이 있다. 또는 학생들의 상호작용이나 의사소통이 가능한 경우 2명씩 짝을 지어 시청하도록 하고 동영상에서 가장 중요하다고 생각하는 것을 단어로 말하거나 쓰게끔 과제를 제시한다. 그리고 여기에서 나온 핵심 단어들을 오늘 공부할 문제로 가져오면 자연스럽게 수업으로 연결시킬 수 있다.

2) 학습활동 전개

일반 학교 교실에서는 디딤영상에서 학습한 내용을 가지고 여러 가지 탐구활동, 토론학습, 프로젝트 학습 등 다양한 형태로 학생 중심 수업을 운영할 수 있다. 그러나 특수학교에서는 위의 학습 방법들이 가능한 것보다 어려운 것들이 많기 때문에 우리 학생들에게 적절하게 수정해서 적용해야 한다.

예를 들면, 동영상을 시청하면서 가장 기억에 남거나 중요하다고 생각되는 단어를 쓰게 하거나, 쓰기가 어려운 학생의 경우 미리 준비한 사진 자료를 제시하고 선택할 수 있도록 한다. 그리고 여기에서 선정된 핵심 단어들(핵심 단어가 나올 수 있도록 유도한다)을 알아보는 활동, 관련된 실험, 만들기 등 다양한 형태의 학생 중심 활동으로 연결하여 학생들 스스로 공부할 문제를 찾고 그와 관련된 활동을 하고 있는 것처럼 수업을 구성한다.

교수·학습 과정안

꽃의 구조 교수·학습 과정안

대상	고2-1	교과	과학	단원	5. 밥상	차시	25/25
학습 주제	꽃의 구조						
성취 기준	[12과학04-02] 현미경을 통해 식물 각 기관의 미세 구조를 관찰하고, 식물의 생장에 필요한 증산과 광합성을 이해한다.						

학습 목표	꽃의 구조를 알고, 관련 정보를 찾을 수 있다.		
	가(상)	나(중)	다(하)
	배꽃의 구조와 관련 정 보를 스스로 조사하고 정리할 수 있다.	배꽃의 구조와 관련 정 보를 도움을 받아 조사 하고 정리할 수 있다.	배꽃의 구조와 관련 정 보를 찾고 정리하는 활 동에 참여할 수 있다.

학습 과정	교수·학습활동			
	교사 활동	학생 활동		
		가(상)	나(중)	다(하)
준비 활동	•디딤영상 함께 시청 하기	•디딤영상을 보고 꽃의 각 부분 적는다.		
		– 각 부분의 명칭(꽃잎, 꽃받침, 암술, 수술)을 포스트잇에 써서 칠판에 붙인다.		– 각 부분을 나 타내는 단어 카드를 선택 하여 칠판에 붙인다.
	•공부할 문제 질문하기	•공부할 문제를 찾는다.		
		– 무엇을 공부하면 좋을지 자신 의 생각을 말한다.		– 공부할 문제 라고 생각하 는 단어카드 를 선택한다.
	•공부할 문제 만들기	•공부할 문제를 만든다. 꽃의 구조를 찾고 특징을 조사해 봅시다.		
	•순서 확인하기	•학습 순서를 안다, 1. ○꽃의 구조 파헤치기 2. 그것이 알고 싶다		

	활동1 • 조사할 꽃 찾기 활동 안내 • 핵심 발문: 학교를 소개하는 내용 중에서 꽃을 찾아보고 이름을 말해 봅시다	• VR을 보고 어떤 꽃을 찾아야 할지 파악한다.		
		– 친구가 보고 있는 VR 영상을 보고 교사의 발문에 대답한다.	– VR을 보고 주변을 탐색하고 교사의 발문에 따라 꽃을 찾는다.	– 텔레비전으로 나오는 VR 영상을 관찰한다.
	• 배꽃의 구조와 명칭 알기 활동 설명하기	• 칠판에 있는 포스트잇을 꽃의 각 기관에 알맞게 붙인다. • 각 부분의 명칭이 적힌 포스트잇을 뽑아 각자 조사할 내용을 정한다.		
중심 활동	• 각 부분의 특징 확인 및 보고서 확인하기	• 스마트폰을 이용하여 각 부분의 특징을 조사하여 포스트잇에 적는다.		
		– 스마트폰을 이용하여 각 부분의 특징을 조사하여 포스트잇에 적는다.	– 교사의 도움을 받아 각 부분의 특징을 포스트잇에 적는다.	– 보조 교사의 도움을 받아 각 부분의 특징을 포스트잇에 적는다.
		• 조사한 내용을 정리한 포스트잇을 보고서에 붙인다.		
	활동2 • 조사할 항목 정하고 확인하기	• 조사할 내용이 적힌 포스트잇을 뽑아 조사할 항목을 정한다. 조사 항목: 한자 이름, 꽃말, 배꽃이 들어간 학교명, 배의 종류		
	• 조사한 내용을 확인하고, 질문하기	• 맡은 부분을 스마트폰을 이용하여 조사하고, 보고서에 기록한다.		
		– 스마트폰을 이용하여 조사한 내용을 포스트잇에 적고 보고서에 붙인다.	– 교사의 도움을 받아 조사한 내용을 포스트잇에 적고 보고서에 붙인다.	– 보조 교사의 도움을 받아 조사한 내용을 포스트잇에 적고 보고서에 붙인다.
정리 활동	• 배꽃의 구조와 명칭 질문하기	• 꽃의 각 부분을 말한다.		
	• 배꽃과 관련된 정보 질문하기	• 배꽃의 한자 이름, 꽃말, 배꽃과 관련된 학교명, 배의 종류를 말한다.		

수업은 흔적을 남긴다

과학시간 (거꾸로 교실 수업)

"선생님, 댓글 남겼어요."

승영이가 말했다.

"오~역시 우리 반 모범생 승영이만 디딤영상을 봤구나?"

"네, 쌤. 영상 봤어요."

"잘했어. 그런데 선생님이 올린 글에 스티커도 붙어 있네? 이건 누가 남겼지?"

"제가 남겼어요."

평소에 말수가 적은 가희가 말했다.

"선생님이 올린 디딤영상을 보는 여러분이 있어서 힘이 납니다."

거꾸로 교실 수업을 기획하면서 나와 학생들만의 밴드(SNS)를 만들었다. 디딤영상을 올리고, 학생들의 수업 결과를 공유하려면 웹상의 소통공간이 필요했는데 학교 홈페이지는 접근성이 떨어지고, 스마트폰이나 태블릿PC로 활용하기에는 불편한 점이 많았다. 그래서 밴드를 만들어 자유롭게 영상을 올리고 학생들의 학습 결과들을 누적시켰다.

그런데 디딤영상을 올려놔도 시청하는 학생들은 몇 명 되지 않았다. 예상은 하고 있었다. 우리 학교 학생 중에 자기 스마트폰을 갖고 있는 학생이 몇 명 되지 않았고, 가지고 있다 하더라도 밴드에 가입해 수시로 디딤영상을 보고 공부를 할 거라는 기대는 크게 하지 않았다. 이런 상황을 예상했음에도 실제 그런 일이 발생하니 기분이 좋지는 않았다. 굳이 힘들게 디딤영상을 만들어 올릴 필요가 있을까 하는 생각도 들었다.

거꾸로 교실을 기획한 이유는 학생들이 조금이나마 자기주도적인 수업, 창의적인 수업을 하고 있다는 생각을 가질 수 있도록 하는 것이 목적이었다. 하지만 학생들에게서는 그런 모습이 보이지 않고 교사인 나 혼자만 힘을 짜내고 있다는 생각이 들면서 그만하고 싶다는 생각도 들었다.

거꾸로 교실 수업을 2년째 지속하면서 작은 변화들이 생겼다. 장난인지 진심인지 모르겠지만 몇 몇 학생들이 '좋은 공부', '재미있어요'라는 짧지만 강렬한 말들로 댓글을 달아 주기 시작했다. 그리고 자기 스마트폰이 없는 학생들은 수업 시간에 나누어 준 스마트폰으로 게시 글에 스티커를 붙여 주거나 알 수 없는 말들을 써 넣기 시작했다. 가끔 화난 표정(실수겠지만)의 스티커를 붙여 주기도 했다.

점점 수업이 재미있어졌다. 거꾸로 교실 수업 때문에 내용이나 활동이 재미있어졌다기보다 밴드에 올린 디딤영상과 학습 결과물에 관심을 가지기 시작했다. 그러면서 학습 과정을 촬영하는 것에 익숙해지고, 학습 결과물에 스스로 스티커를 붙이며 자기와 친구를 평가하는 활동에 익숙해졌다. 아직도 내용에 따라 지루한 부분도 있고, 교사가 주도해야 하는 수업도 분명히 존재한다. 그러나 예전의 그저 그런 수업보다 학생들이 재미있어 하는 수업이 더 많아졌다. 이 한 장면을 가지고 '학생들이 변했어요', '거꾸로 교실 수업이 가장 효과적이고 최고예요'라고 말하기에는 한계가 있다. 하지만 이 과정들을 통해 배운 것이 있다.

수업에 참여하는 학생들이 즐거우면 선생님은 신이 난다. 학생들이 신이 나면 선생님은 춤을 춘다. 수업은 학생들의 배움을 위해 교사가 설계하지만 그것을 통한 배움은 학생들만의 것이 아니라 교사의 것이기도 하다.

학생과 교사가 함께 배우는 수업, 그것의 즐거움. 조금은 알 듯하다.

탐구 보고서 작성 과정

탐구 보고서

'우주를 담은 그리스·로마 신화' 프로젝트 수업 이야기

수업의 시작

장애 학생들을 대상으로 하는 수업은 생활 중심, 기능 중심의 수업이 주를 이룬다. 그 이유는 장애 학생들의 경우 학습한 내용을 일반화시킬 수 있는 능력이 부족하기 때문이며, 이를 위해 일상생활을 배경으로 학습하고 실습해 보는 활동을 통해 일반화를 돕는다. 그래서 장애 학생들을 대상으로 하는 수업들은 일상생활과 매우 비슷하며, 기능 중심, 활동 중심으로 설계되고 실천된다.

과학 교과의 경우도 마찬가지다. 이론 자체를 직접 배우기보다 일상생활에서 접할 수 있는 상황들을 제시하고 그 안에서 과학 현상을 발견하고, 실험을 통해 확인한다. 그러고 다시 일상생활에 적용해 봄으로써 과학의 원리를 깨닫고, 삶으로 일반화시킨다. 그래서일까. 나의 과학 수업에서는 실생활과 기능은 있지만 문학, 철학, 예술 등 인문학은 없었다. 삶이 팍팍한 현대인들에게 인문학은 일과 삶의 균형을 맞춰 주는 중요한 요소로 자리 잡고 있다. 그래서 인문학을 연구하지 않는 일반인들도 인문학에 대한 관심이 높고, 삶으로 인문학을 향유하기 위해 노력한다. 그러면 장애 학생들은 장애가 있기 때문에 기능적인 경험과 습득만 필요하고, 인문학적 경험은 필요 없는 것일까. 인문학을 스스로 찾아 향유하기 어려운 장애 학생일수록 오히려 수업을 통해 인문학을 경험시켜 줘야 하는 것은 아닐까.

이에 대한 고민 끝에 과학과 인문학의 만남이라는 프로젝트 수업을 기획하게 되었다. 사실 과학 수업의 경우 관찰과 탐구, 실험 중심으로 수업을 운영하다 보니 인문학적 요소를 포함하여 수업을 구성하기가 쉽지 않았다. 뿐만 아니라 인문학을 주제로 수업을 설계했을 때 과연 장애 학생들에게 어떤 배움이 일어날지, 어떤 도움을 줄 수 있을지 의구심이 들기도 했다. 그래서 꽤 오랜 시간 동안 스스로 여러 질문들을 던져 보며 그에 대한 답을 찾기 위해 노력했다.

'왜 장애 학생들에게 인문학이 필요한가?'
'왜 교육과정을 재구성하려고 하는가?'
'왜 프로젝트 수업을 하려고 하는가?'

이러한 질문들을 중심에 두고 과학과 인문학의 만남! '우주를 담은 그리스·로마 신화' 프로젝트를 구성하기 시작했다.

수업과 만나기

교육과정 재구성 필요성에 대한 생각 정리(사례)

단계	필요해서 만든 질문	생각 정리		
1	무엇 때문에 재구성을 하려고 하는가?	너무 기능 중심으로 교과교육과정을 운영하다 보니 인문학적 경험을 전혀 하지 못하고 있다. 만약 지금 인문학적 내용을 다루지 않으면 지금 학생들은 죽을 때까지 경험하지 못하고 끝날 것 같다.		
2	학생들이 무엇을 배우길 원하는가?	인문학적 요소(문학, 음악, 미술 등)를 보고, 듣고, 말하고, 찾아보는 경험을 배우길 원한다.		
3	구체적으로 어떤 지식과 기능, 태도를 배우길 원하는가?	지식	•그리스·로마 신화를 통한 인문학 내용	
		기능	•정보 찾기, 정보 정리하기	
		태도	•관련 내용에 흥미와 호기심 갖기	
4	어떤 방법으로 재구성하고 싶은가?	교과 내 (단원 간) 재구성(프로젝트 수업)		
5	어떤 교과를 재구성하길 원하는가?	과학		
6	교과의 어떤 내용 요소와 관련되어 있는가?	영역	내용 요소	
		지구와 우주	지구와 달의 운동	
			우주 탐사와 생활	
7	어떤 성취기준이 관련되어 있는가?	[12과학05-06] 지구와 달의 운동으로 나타나는 현상을 조사한다. [12과학05-07] 우주과학이 생활에 미치는 영향을 조사한다.		

　인문학 프로젝트 수업을 기획하면서 처음 했던 고민은 왜 과학교과에서 인문학이 필요한가였다. 단순히 화려한 수업, 나의 교육과정 재구성 능력을 보여 주려는 것이 아니라, 학생들에게 필요한 것이 무엇이며 인문학이라는 것이 왜 필요한가, 여기에서 어떤 배움을 얻을 수 있을지에 대한 고민을 먼저 시작했다. 여기에 대해 근본적인 질문을 던져 보면 다음과 같다.

'무엇을 가르칠 것인가?'-교육과정 재구성의 필요성

'가르치기 위해 어떻게 구조화시킬 것인가?'-교육과정 재구성

'구조화시킨 것을 어떻게 가르칠 것인가?'-학생 중심 수업

질문에 대한 생각을 조금 더 구체화시키고, 명확히 하기 위한 도구가 필요했다. 이를 위해 '필요해서 재구성하는 교육과정'이라는 도구를 직접 만들어 보았다.

이 도구의 활용은 간단하다.

1단계 무엇 때문에 교육과정을 재구성하는가?

이 단계에서는 어떤 주제로 교육과정을 재구성하려고 했을 때 목적이 무엇이며 왜 그것이 필요한지에 대해 스스로 질문을 던져 보고, 거기에 대한 답을 한다. 이를테면, 내가 맡은 장애 학생들에게 자조기술에 대한 학습이 필요하다면 그것이 왜 필요한지에 대해 구체적으로 적어 보는 단계이다.

2단계 학생들이 무엇을 배우길 원하는가?

교육과정 재구성의 궁극적인 목적은 학생들이 필요한 것을 제대로 배울 수 있게 하는 것이다. 따라서 방법적인 측면을 고려하기 이전에 내가 맡은 학생들에게 무엇을 가르칠 것인지, 학생들이 무엇을 배우길 원하는지에 대해 구체적으로 생각해 보는 단계이다.

3단계 구체적으로 어떤 지식과 기능, 태도를 배우길 원하는가?

이 단계에서는 학생들이 배우길 원하는 것을 지식, 기능, 태도로 구분하여 세분화시키는 단계이다. 어떤 주제에 대해 교육과정을 재구성한다고 생각했을 때는 대략적으로 무엇을 가르칠지 키워드 구상이 되었을 것이다. 이 부분을 지식, 기능, 태도로 구분하고 구체화시키는 과정을 통해 교사는 가르칠 것이 명확해지고, 학생은 배울 것이 명확해진다. 특히 장애 학생의 경우 '기능' 부분이 매우 중요하며, 반복을 통해 습득하고 일반화할 수 있어야 하기 때문에 해당 부분에 대한 특수교사의 고민이 더욱 필요하다.

4단계 어떤 방법으로 재구성하고 싶은가?

교육과정의 재구성은 방법과 형태가 다양하다. 그래서 교사는 자신이 기획하고 있는 주제와 목적을 고려했을 때 어떤 형태로 재구성하는 것이 적절할지 판단하고 결정해야 한다. 보통 교육과정 재구성은 교과 내 재구성으로 압축, 생략, 추가, 순서 바꾸기 정도에서 시작한다. 하지만 목적에 따라 매우 다양한 형태로 교육과정을 재구성할 수 있다. 따라서 교육과정은 어떤 형태로 재구성할 수 있는지, 그 특징은 무엇이고 어떤 요소들이 반영되어야 하는지에 대해 알아야 한다.

교육과정을 재구성하는 유형은 매우 다양하다. 교육과정 재구성을 시작하면 보통 자료나 사례를 참고하게 되는데, 아래 제시된 재구성 유형 안에서 이루어진다고 말할 수 있다. 그런데 오해하는 부분이 있다. 예를 들어 STEAM으로 재구성한다고 가정했을 때, 자료에 제시되어 있는 형태를 따르면 제대로 재구성을 한 것이고, 전형적인 형태가 아니면 재구성을 제대로 하지 못한 것 같다는 생각을 한다.

교육과정 재구성에서 중요한 것은 어떤 유형의 재구성을 선택하고 그렇게 재구성했느냐가 아니라, 가르치고자 하는 것을 효과적으로 가르치기 위해 구조화했느냐다. 그 형태가 기존에 정형화되어 있는 유형이 아니라 할지라도 특수교사가 판단할 때 적절하다고 생각되면 그 형태로 재구성할 수 있다.

개별화 교육을 중심에 두고 있는 특수교육에서 장애 학생에 따라 다른 형태의 교육과정 재구성이 이루어지고 있는 것은 오히려 자연스러운 현상일지도 모른다. 왜냐하면 시중의 자료와 사례는 일반적인 수준과 상황을 담고 있기 때문에 개별적인 요구와 조건, 상황이 모두 다른 특수교육 상황에서 전형적인 형태의 재구성은 만들어 내기 어려운 과제일 수 있다. 따라서 100명의 특수교사가 교육과정을 재구성한다면 각기 다른 100가지 교육과정 재구성 유형이 나올 수도 있다.

5단계 어떤 교과를 재구성하길 원하는가?

과목의 경우 자신이 맡고 있는 교과에 따라 어느 정도 정해지는 부분이다. 그러나 초등 교육과정은 담임교사가 여러 교과를 맡고 있으며, 특수학교는 중·고등 교육과정이라 하더라도 담임교사가 여러 교과를 맡는 경우가 있기 때문에 재구성의 목적과 방향에 따라 여러 교과를 선택해 교과 간 재구성을 할 수 있고, 특정 교과를 정해 교과 내에서 재구성할 수도 있다.

6단계 교과 어떤 내용 요소와 관련되어 있는가?

6단계에서는 교과 교육과정을 분석한다. 5단계에서 정한 교과에 대해 해당 교과가 어떤 영역과 내용 요소로 구성되어 있는지 분석하면서 가르칠 내용을 확인한다. 그리고 재구성할 주제와 관련성 있는 영역과 내용 요소를 선정해 구체화시키고, 재구성 주제에 따라 내용 구성의 방향을 결정한다.

7단계 어떤 성취기준이 관련되어 있는가?

교육과정 재구성에서 핵심적인 부분이 관련 성취기준을 연결시키는 것이다. 재구성할 교과의 내용 요소가 결정되면 그에 따른 관련 성취기준들을 뽑아 내고, 이를 분석하여 중점 두어야 할 지식과 기능에 착안해 교육과정을 재구성한다. 장애 학생들의 수준에 따라서 또는 주제에 따라서 성취기준에 딱 맞게 떨어지지 않을 수 있다. 그럴 경우 가장 관련성이 높은 성취기준을 선정하되, 세부 프로젝트를 구성하면서 성취기준이 최대한 경험될 수 있도록 제재와 활동을 구성할 수 있다.

교육과정 재구성 유형

구분	재구성 영역	재구성 형태	재구성 내용
교육과정 중심 재구성	교육과정 간 재구성	공통-기본 교육과정 융합	통합학급 학생의 수준을 고려한 공통-기본 교육과정 간 주제 중심 통합 재구성
		학년 간 교육과정 융합	복식 학급 학생의 교육 내용의 학년별 순서 조정, 공통 주제 중심으로 교재 재구성
교과 내 교육과정 재구성	단원 내 재구성	학습수준을 고려한 학습 목표 조정	성취기준 조정 및 단원 지도 시수 조정 운영
		창의융합형 인재 양성 학습 목표 조정	창의융합형 인재 양성에 도움이 될 수 있도록 성취 기준을 재설정
		미래 핵심역량 강화	학교교육 전 과정을 통해 미래 핵심역량을 강화할 수 있도록 설정
교과 간 교육과정 재구성	교과 간 통합	STEAM 교육	과학, 예술(음악/미술), 수학 등 교과 융합 교육
		주제 중심 통합	특정 주제를 중심으로 재구성
		교과군 통합	사회/역사/도덕, 과학/기술·가정/정보, 진로와 직업 교과군
	교과목 수 축소	자유학기제 운영	자유학기 활동으로 인한 교과시수 조정, 교과목 수 축소
	교과 간 병합	학습 내용 연계 운영	둘 이상의 교과를 학습 내용을 중심으로 수업 시간 전후 배치
	교과서 전체 통합	교과서 내용 재구성	전체 활동의 대주제를 선정한 다음 교과서의 내용을 재구성
교과 -비교과 간 교육과정 재구성	교과-비교과 통합	창의적 체험활동과 연계 운영	창의적 체험활동 내용과 관련 교과와 연계 운영
		자유학기 활동과 연계 운영	자유학기 활동 주제와 관련된 교과와 연계 운영
		활동 중심 재구성	교과 내, 교과 간 재구성을 정한 뒤 활동 중심으로 재구성
		기타 통합 운영	특정 주제를 중심으로 교과-비교과 간 재구성
			창의 인성, 핵심역량 등 특정 이슈 중심의 재구성
	교과-비교과 병합	학습 시간 연계 운영	교과-비교과 시간 전후 배치

	교과 내 연계		동일 교과 내 교육과정 재구성을 통해 시도할 수 있는 역량 함양 교육
핵심역량 함양을 위한 교육과정 재구성	교과 간 연계	교사 수준/학년, 교과 수준/학교 수준	여러 교과 간 교육과정 재구성을 통해 시도할 수 있는 역량 함양 교육
	교과-창의적 체험 활동 연계		여러 교과와 창의적 체험활동 간 교육과정 재구성을 통해 시도할 수 있는 역량 함양 교육
	창의적 체험활동 프로그램		창의적 체험활동을 통해 역량 함양 교육
학급 교육과정 재구성	교과 간, 교과-비교과 간 통합	학급 경영 목표와 연계 운영	담임교사의 지도 교과, 창의적 체험 활동을 학급 경영 목표에 맞게 재구성
지도 시기 중심 교육과정 재구성	특별식 운영	특별식 운영	음악실, 과학실, 미술실, 도서실, 기타 특별실 활용
	학교 행사 운영	학예회 운영	행사 직전 시수 집중 배치
		체육대회 운영	

출처: 윤성한(2018), 『교육과정 재구성과 수업 디자인』, 교육과학사.
김영미·김혜리·한경화·김정미·김아영(2018), 『특수교육 교육과정 재구성』, 교육과학사.
광주시교육청(2019), 『특수학교 자유학기제 교육과정 재구성 및 과정중심평가 자료집』.

교과 내 교육과정 재구성의 유형

교과 내 재구성	압축	교육과정의 내용 중에서 보다 중요하고 핵심적인 내용을 중심으로 지도하면서 나머지 다른 내용들을 포함하여 지도하는 것을 의미
	생략	보다 중요하고 핵심적인 내용을 중심으로 지도하는 과정에서 일부 교육과정의 내용을 생략하는 경우를 의미
	추가	보다 풍부한 이해를 위해 교육과정 이외의 내용을 추가적으로 지도하는 경우를 의미
	순서 바꾸기	교과서의 내용 및 배열 순서를 바꾸어 교수·학습하는 경우를 의미

출처: 김영미·김혜리·한경화·김정미·김아영(2018), 『특수교육 교육과정 재구성』, 교육과학사.

'우주를 담은 그리스·로마 신화' 프로젝트 수업 구성하기

프로젝트 수업이라고 했을 때 가장 먼저 역동적이고 화려한 수업을 떠올리기 쉽다. 실제로 프로젝트 수업을 설계해서 운영해 보면 학생활동 중심으로 수업이 디자인되고, 외부에서 보이기에 화려해 보이는 수업이 될 수도 있다. 그래서 프로젝트 수업이라고 하면 수업 매체나 자료, 수업 기술에만 관심을 갖는 경우가 있지만 프로젝트 수업에서 가장 중요한 것은 교육과정 재구성이다. 교육과정 재구성을 어떻게 하느냐에 따라 교과 교육과정을 통해 배워할 내용들을 충분히 다룰 수 있고, 프로젝트 목적에 맞게 수업을 운영할 수 있다. 따라서 어떤 수업 방법을 쓸까, 매체를 활용할까보다 무엇을 가르치기 위해 교육과정 재구성을 할 것인가에 대한 고민이 선행되어야 한다.

아래 내용은 '우주를 담은 그리스·로마 신화' 프로젝트 수업을 위한 교육과정 재구성 절차로, 교과 내용 분석부터 교과지도계획이 나오기까지의 과정이다.

프로젝트 수업을 위한 교육과정 재구성 절차

단계	단계 내용	참고 자료	TIP
1	교과 내용 분석하기 가. 교과서 중심 교육 내용 분석 나. 성취기준 중심 교육 내용 분석	• 교과 교육과정 내용 체계 • 교과 교육과정 성취기준	• 교과서 중심 교육 내용 분석: 단원별 지식, 기능에 대한 세부 내용 확인 • 성취기준 중심 교육 내용 분석: 성취기준에 따른 재구성 주제 선정 및 단원 간 재구성에 용의
2	교육과정 재구성 필요성 인식 교육과정 재구성 필요성에 대한 생각 정리	• 교과 교육과정 목표 • 교사용 지도서 목표	• 학생들에게 어떤 배움을 주고자 하는지 생각 정하기(자조 기술, 의사소통 능력, 생태교육, 경제 등) • 학급운영 주제 및 수업 테마 정하기
3	교육과정 재구성을 위한 생각그물 만들기 가. 교과 영역 내용 분석 및 범주화 나. 재구성 주제 관련 제재 및 내용 범주화	• 교사용 지도서 단원 구성 • 단원별 제재 및 활동 구성	• 교과 내용 분석자료(교과서 중심)나 교과 교육과정을 참고하여 영역에서 다루고 있는 제재와 내용을 범주화
4	세부 프로젝트 만들기 가. 세부 프로젝트 선정 나. 세부 프로젝트별 제재 및 활동 내용 구체화	• 교과 교육과정 내용 요소 참고 • 3단계 생각 그물 참고	• 교과 영역의 내용과 재구성 주제 관련 제재 및 내용을 고려하여 세부 프로젝트 선정
5	교과 내용과 프로젝트 연결맵 만들기 가. 재구성한 내용과 기존 교과서 내용과의 관련성 연결 맵 만들기 나. 세부 내용 조정 (조정, 생략, 대체 등)	• 교사용 지도서 제재 및 활동 내용 • 주제 관련 서적 및 연구 자료	• 재구성한 내용을 점검할 때는 교과 교육과정의 내용 요소와 성취기준 확인 및 연관성 검토 • 관련 내용 요소와 성취기준이 반영된 경우 내용과 활동을 추가할 수 있음.
6	교과지도계획으로 옮기기 학교별 교과지도계획 서식에 옮기기	• 교과 내용 프로젝트 연결 맵	• 학교별 교과지도계획 서식 활용 • 평가 방법 및 평가 과제, 수업 방법을 구체적으로 기입 • 운영 중 수정 사항이 생길 경우 수정하여 운영

1단계 교과 내용 분석하기

교과 내용 분석은 교육과정 재구성을 위해 꼭 필요한 활동이다. 내가 재구성하고자 하는 교과의 목표는 무엇이고, 어떤 내용 요소와 성취기준들로 구성되어 있는지 확인해야 한다. 그래야만 내가 재구성하고자 하는 주제와 의도를 고려해 재구성할 영역과 내용 요소, 성취기준을 추출해 낼 수 있다. 또한 교과 지도서를 함께 놓고 분석해 보면 교과서는 해당 성취기준을 어떻게 풀어내고 있는지 참고할 수 있으며, 교육과정을 재구성할 때 아이디어들을 많은 부분 얻어 올 수 있기 때문에 교과 교육과정과 교과 지도를 함께 연결하여 보는 것이 필요하다.

교과 교육과정과 교과 지도서를 중심으로 교과 내용을 분석하는 방식을 두 가지로 말할 수 있다.

첫 번째는 '교과서 중심 교과 내용 분석' 방식이다. 이 방식은 교과서 내용을 앞에 두고 성취기준을 비롯한 관련 내용을 연결하는 방식으로 교과서 단원에 대해 주요 학습 주제는 무엇이고, 관련 성취기준은 어떤 것이 있는 확인하기 쉽다. 그래서 교과서 중심으로 교육과정을 재구성하고자 한다면 이와 같은 방식으로 교과 내용을 분석하는 것이 필요하다.

두 번째는 '성취기준 중심 교과 내용 분석' 방식이다. 이 방식은 성취기준을 중심으로 내용 요소와 관련 교과서 단원을 분석하는 방식으로 관련 내용 요소와 관련 단원들이 모아지기 때문에 교과 내에서 주제 중심으로 교육과정을 재구성하기에 활용도가 높다. 또한 필요에 따라서 교과 간 교육과정 재구성을 할 때에도 전체 주제

단원	제재명 (중단원)	차시	주요 학습 주제	성취기준	교과핵심역량	기능
1. 스마트폰	1. 스마트폰과 소리	1	• 스마트폰 스피커를 통한 소리의 전달 알아보기	[12과학 02-04] 소리의 발생과 전달 과정을 탐구한다. [12과학 02-05] 오목 렌즈와 볼록 렌즈의 특징을 구분하고, 생활에서 렌즈가 이용되는 예를 조사한다. [12과학 05-07] 우주과학이 생활에 미치는 영향을 조사한다.	• 과학적 탐구 역량 • 과학적 탐구 역량 • 과학적 문제 해결 역량 • 진로 · 직업 역량	• 관심 · 호기심 갖기 • 자료 수집하기
		2	• 소리를 활용하는 기기 알아보기			
		3	• 소음과 방음 알아보기			
		4	• 초음파 알아보기			
	2. 렌즈의 활용	5	• 스마트폰 렌즈 알아보기			• 자료 수집하기 • 조사하기
		6	• 현미경에 쓰이는 렌즈 알아보기			
		7	• 망원경에 쓰이는 렌즈 알아보기			
	3. 스마트폰과 첨단 기술	8	• 스마트폰 지도 응용 프로그램 사용하기			• 자료 수집하기 • 조사하기
		9	• 인공위성 알아보기			
		10	• 우주 기술이 사용된 생활용품 알아보기			
		11	• 우주 기술이 사용된 스포츠 용품 알아보기			

중략

단원	제재명 (중단원)	차시	주요 학습 주제	성취기준	교과핵심역량	기능
4. 사진	1. 사진으로 보는 중독	1	• 안전한 휴대 전화 사용 방법 알아보기	[12과학 03-02] 인간의 탄생과 생애 주기별 성장 과정을 이해한다. [12과학 02-04] 소리의 발생과 전달 과정을 탐구한다. [12과학 05-06] 지구와 달의 운동으로 나타나는 현상을 조사한다.	• 과학적 탐구 역량 • 과학적 탐구 역량 • 과학적 탐구 역량	• 자료 수집하기
		2	• 등굣길에서 만난 청소년 금연 운동 알아보기			
	2. 공연에서 만난 악기 소리	3	• 소리의 개념 알아보기			• 조사하기
		4	• 소리가 생기는 과정 알아보기			
		5	• 큰 소리와 작은 소리, 높은 소리와 낮은 소리 알아보기			
	3. 사진 속의 지구	6	• 해가 서쪽으로 지는 까닭 알아보기			• 조사하기
		7	• 지구의 자전 알아보기			
		8	• 지구의 공전 알아보기			

중략

에 대해 관련 내용과 성취기준을 연결시키기에 효과적이다. 따라서 주제 중심으로 교육과정을 재구성하고자 한다면 이와 같은 방식으로 교과 내용을 분석하는 것이 필요하다.

성취기준 중심 교과 내용 분석-고등학교 과학

영역	핵심 개념	내용 (일반화된 지식)	교과핵심 역량	성취기준	내용 요소	관련단원 가	나
동물과 식물	동물과 식물의 생활	생명은 유전과 진화를 통해 생성되고 소멸된다.	과학적 탐구 역량 과학적 의사소통 역량	[12과학04-01] 여러 가지 동물을 척추동물(포유류, 파충류, 양서류, 어류, 조류)과 무척추동물로 분류한다.	동물의 분류	5. 전통 시장 11. 숲	
				[12과학04-02] 현미경을 통해 식물 각 기관의 미세구조를 관찰하고, 식물의 생장에 필요한 증산 작용과 광합성을 이해한다.	식물의 성장		12. 수목원
				[12과학04-03] 생명의 유전과 진화에 대하여 이해하고, 생명을 소중하게 여기는 태도를 갖는다.	유전과 진화	6. 추석 10. 자연사 박물관	
	환경과 생태계	생태계는 생물적 요소와 비생물적 요소 간의 상호작용으로 평형을 이룬다.	과학적 문제 해결 역량	[12과학04-04] 생태계의 평형을 이해하고, 일상생활에서 환경을 보존하는 태도를 갖는다.	생태계 평형	12. 국립 공원	
지구와 우주	지각의 변화	지각은 다양한 광물과 암석으로 구성되어 있고, 여러 가지 원인으로 변화한다.	과학적 탐구 역량 과학적 문제 해결 역량	[12과학05-01] 화산활동이 일어났을 때의 대처 방법을 안다.	광물과 암석의 이용	11. 숲	
				[12과학05-02] 일상생활에 광물과 암석을 이용하는 사례를 조사한다.		7. 여행 10. 자연사 박물관	

	대기와 해양의 상호 작용	대기와 해양의 상호 작용으로 다양한 기후 변화가 나타난다.	과학적 탐구 역량	[12과학05-03] 기압이 날씨에 미치는 영향을 조사한다.	기압과 날씨	2. 음료수	14. 기후 변화 체험관
지구와 우주				[12과학05-04] 해양 자원의 활용 가치를 안다.	해양 자원	7. 여행 9. 녹색 체험 12. 국립 공원	
				[12과학05-05] 기후 변화에 대처하는 방법을 알고 실천한다.	기후 변화	9. 녹색 체험	14. 기후 변화 체험관
	지구와 달	지구와 달의 운동은 생활에 영향을 준다.	과학적 탐구 역량	[12과학05-06] 지구와 달의 운동으로 나타나는 현상을 조사한다.	지구와 달의 운동	4. 사진 6. 추석	
	우주	우리가 사는 지구 밖에는 우주가 있다.	과학적 문제 해결 역량 진로직업 역량	[12과학05-07] 우주과학이 생활에 미치는 영향을 조사한다.	우주 탐사와 생활	1. 스마트폰 13. 우주 탐사	

가장 좋은 것은 번거롭더라도 두 가지를 모두 해 보는 것이다. 왜냐하면 두 자료의 쓰임이 다르기 때문이다. 교과 내에서 단원 간 교육과정 재구성을 한다면 먼저 '성취기준 중심의 교과 내용 분석' 자료를 참고한다. 이를 바탕으로 성취기준별로 엮여 있는 단원들을 확인하고, 재구성할 주제를 선정했을 때(또는 선정하고자 할 때) 어떤 단원들로 재구성이 가능할지 그려 볼 수 있다.

이후 교육과정 재구성을 구체화하고자 할 때 '교과서 중심 교과 내용 분석 자료'를 참고한다. 분석 자료를 바탕으로 해당 단원들에 어떤 성취기준들이 연결되어 있는지 확인하고, 주요 제재와 활동들을 참고하여 재구성의 범위와 내용들을 선정할 수 있다.

아래의 사례는 '성취기준 중심 교과 내용 분석' 방식으로 기본교육과정 고등학교 과학 교과 내용을 분석하여 '지구와 우주' 영역이 '그리스·로마 신화'와 연결될 수 있음을 확인했다. 이를 바탕으로 '지구와 우주' 영역의 지구, 달, 우주와 관련 단원들을 재구성하여 '우주를 담은 그리스·로마 신화'라는 프로젝트를 구성했다.

2단계 교육과정 재구성 필요성 인식
'수업과 만나기 - 필요해서 재구성하는 교육과정' 부분 참고

3단계 교육과정 재구성을 위한 생각그물 만들기

교육과정 재구성을 할 때에는 주제를 선정한 후 어떤 내용들로 구성할지 관련 제재들을 모아야 한다. 이때 생각그물을 이용하면 아이디어를 연결하기 좋고, 범주화하기도 수월하다. 그래서 교육과정 재구성을 구체화하려고 할 때 관련 교과의 영역에 대한 제재들과 재구성할 주제에 대한 제재들을 생각그물로 만들어 보는 것이 필요하다. 교과 내용에 대한 조망 없이 교사가 임의로 선정한 주제에 따라 내용을 구성할 경우 경험해야 할 관련 내용이 생략될 수 있기 때문에 해당 영역에 대한 제재와 내용들을 생각그물을 통해 전체적으로 조망해야 한다. 그 후 재구성할 주제에 대한 제재와 관련 내용들을 고려하여 범주화시킨다. 아래 생각그물은 기본교육과정 고등학교 과학 교과의 '지구와 우주' 영역의 내용과 '그리스·로마 신화'에서

우주와 관련된 내용을 생각그물로 정리한 것이다.

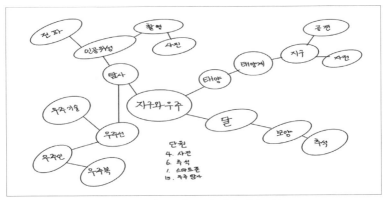

과학 교과 '지구와 우주' 영역 생각그물

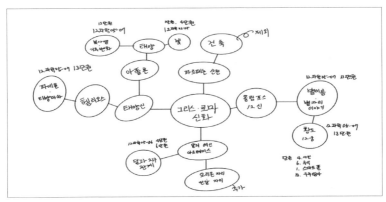

재구성 주제 관련 생각그물

4단계 세부 프로젝트 만들기

세부 프로젝트를 구성하기에 앞서 프로젝트 유형과 탐구질문을 만들어 보았다. 프로젝트 유형은 인문학적 내용과 과학의 연계이기 때문에 '추상적인 질문을 탐구하는 프로젝트'로 설정했다. 이에 따른 탐구질문은 '그리스·로마 신화는 우주를 어떤 모습으로 표현하고 있을까?'로 설정했다. 다음으로 세부 프로젝트를 구성하기 위해 교과 영역과 재구성 주제 관련 생각그물을 활용하여 세부프로젝트 초안을 작성했다. 세부 프로젝트 제재는 아래 그림과 같이 태양, 우주탐사, 우주선, 달로 구성했고, 각 제재에 따른 세부 프로젝트명은 '태양신 아폴론', '파에톤과 태양마차', '달의 여신 아르테미스', '헤파이스토스'로 설정했다. 여기에 '별자리 이야기'라는 프로젝트를 하나 더 추가하여 그리스·로마 신화를 직접 다뤄 볼 수 있도록 구성했다.

세부 프로젝트 초안 구성

세부 프로젝트 초안을 바탕으로 각 프로젝트에 대한 재구성 제재, 주요 학습활동, 활동 차시, 평가 과제, 수업 방법을 계획한다. 이 단계에서는 교과서 이외에 프로젝트 주제와 관련된 연구가 별도로 필요하다. 왜냐하면 제재에 따른 주요 학습 활동을 구성하면서 관련 성취기준과 탐구질문을 탐구할 수 있도록 활동을 구성하기 위해서는 해당 주제에 대한 전문적인 지식이 필요하기 때문이다. 따라서 프로젝트 주제와 관련된 서적과 추가적인 자료를 조사하고 이를 토대로 주요 학습활동과 평가과제, 수업 방법을 재구성해야 한다.

세부 프로젝트별 구성

프로젝트	프로젝트명	재구성 제재	주요 학습활동	차시	평가 과제	수업 방법
P1	그리스·로마 신화 이야기	그리스·로마 신화 맛보기	신화 속 신들 알기	1~2	인물 목록 만들기	플립러닝 스마트 러닝
		우주와 신	별자리에 대해 알기 황도 12궁 알기	3~5	관련도 만들기	플립러닝 스마트 러닝
P2	태양신 아폴론	태양신 아폴론	태양신 아폴론 신화 알기 아폴론에 대해 조사하기	6	인물 소개서	플립러닝 스마트 러닝
		태양의 특징 찾아보기	태양의 특징 알기 태양빛의 특징 알기	7	조사 보고서	VR 활용 수업 스마트 러닝
		태양과 지구	태양이 지구에 미치는 영향 탐구하기	8	탐구 보고서	플립러닝
		태양이여, 빛이여, 사진이여	사진의 원리 알기 사진기 만들기 인생 사진 찍기	9~11	카메라 만들기	순환 학습
P3	파에톤과 태양마차	파에톤과 태양마차	태양을 싣고 달리는 마차 이야기 알기	12	소개 자료 만들기	플립러닝
		우주선	우주를 탐험하는 우주선 조사하기 우주선 만들기	13~14	조사 보고서	스마트 러닝
		인공위성	인공위성 조사하기 인공위성 만들기	15~16	조사 보고서	VR 활용 수업
		우주 기술	생활 속 우주 기술 알아보기	17	탐구 보고서	경험학습
P4	달의 여신 아르테미스	달의 여신 아르테미스	달의 여신 아르테미스 신화 알기 아르테미스에 대해 조사하기	18~19	인물 소개서	플립러닝 스마트 러닝

P4	달의 여신 아르테미스	달의 특징과 모양	달의 특징 조사하기 달의 모양 그리기	20 ~21	조사 보고서	VR 활용 수업 스마트 러닝
		달과 지구의 관계	달의 공전 알기 조금과 사리에 대해 조사하기	22 ~23	탐구 보고서	플립러닝 스마트 러닝
P5	신화 속 직업	신화 속 직업인	신화 속 직업 조사하기	24	조사 보고서	플립러닝
		이 시대의 신화 속 직업인	신화 속 직업을 이 시대의 직업으로 바꾸기	25	직업 목록	경험 학습

5단계 교과 내용과 프로젝트 연결 맵 만들기

세부 프로젝트별 내용을 구성할 때 놓치지 말아야 할 것은 해당 활동의 성취기준이 무엇인지, 프로젝트의 목적이 무엇인지를 염두에 두고 계획해야 한다는 것이다. 아무리 흥미로운 주제의 프로젝트라 하더라도 성취기준이 근거가 되지 않고, 프로젝트의 목적이 드러나지 않는다면 그 수업은 재미있거나 흥미로웠던 수업으로만 끝날 수 있다. 따라서 이 프로젝트를 통해 학생들이 얻어야 할 배움을 놓치지 않기 위해서는 성취기준과 프로젝트의 목적을 잊지 말아야 한다.

그런 의미에서 교과 내용과 프로젝트의 연결 맵을 만드는 것은 중요한 의미를 갖는다. 연결 맵은 프로젝트 수업으로 재구성한 교육과정이 해당 교과에서 다뤄야 할 내용 요소와 성취기준, 활동들과 어떻게 관련되어 있는지 명확하게 보여 준다. 또한 이 과정에서 수정해야 할 부분, 보충해야 할 부분들을 확인할 수 있도록 도와준다. 무엇보다 재구성한 교육과정으로 수업을 운영할 때 학생 얻게 될 배움이 무엇이고, 이를 위해 프로젝트가 어떻게 흘러갈 것인지에 대한 전체적인 맥락과 흐름을 유지하도록 도와주는 역할을 한다. 따라서 적극적으로 교육과정을 재구성하려면 교과 내용과 재구성한 내용의 관련성을 연결하는 연결 맵을 꼭 만들어 보길 바란다.

아래의 교과 내용과 프로젝트 연결 맵의 경우 왼쪽에는 교과서의 내용을, 오른쪽에는 프로젝트 수업으로 재구성한 내용을 기입했다. 교과 내용의 경우 단원 제재 중 성취기준과 관련된 내용을 추출하여 기입했다. 때문에 모든 제재가 들어간 것이 아니라 선택적으로 들어가 있음을 확인할 수 있다.

교과 내용을 기준으로 재구성된 프로젝트와 연결되어 있는 화살표를 보면 어떤 부분은 제재 전체와 연결되어 있기도 하고, 어떤 부분은 차시 활동과 연결되어 있는 부분도 있다. 이 과정을 통해 재구성한 내용이 교과의 어떤 내용과 관련성이 있는지 확인했고, 관련성이 떨어지는 부분은 활동을 수정했다. 'P1 그리스·로마신화 이야기'는 '최초 별자리 이야기'로 기획했으나 학습량이 너무 많아 다른 인문학적 요소를 다루기가 부담스러웠다. 그래서 '그리스·로마 신화'로 수정을 하고 별자리에 대한 내용은 축소했다. 대신 성취기준과 관련성은 없지만 신화에 대한 내용을 보충하여 인문학적 요소를 더욱 강조했다. 이 과정이 가능했던 이유는 다른 활동들을 통해 경험해야 할 성취기준을 충분히 다뤘다고 판단했기 때문에 다른 내용을 추가할 수 있었다. 만약 다른 활동에서 성취기준이 충분히 다뤄지지 않았다면 '그리스·로마 신화'를 직접 다루는 내용을 구성하지 않았을 것이다.

교과 내용-프로젝트 연결 맵

	성취기준	내용 요소	단원	제재명	차시	주요 학습 주제
고등학교 과학 ㅣ가	[12과학 05-07] 우주과학이 생활에 미치는 영향을 조사한다.	우주탐사와 생활	13. 우주 탐사	1. 우주 탐사	1	우주 탐사의 역사 알아보기
					2	우주 탐사의 방법 알아보기
					3	우주 정거장 알아보기
				2. 우주 공간	4	지구와 달의 모양 알아보기
					5	우주복 알아보기
					6	우주선 알아보기
					7	소리의 전달 알아보기
				3. 우주 관련 직업	8	우주인 알아보기
					9	우주와 관련된 직업 알아보기
			1. 스마트폰	3. 스마트폰과 첨단 기술	1	스마트폰 지도 응용 프로그램 사용하기 ⇨
					2	인공위성 알아보기
					3	우주 기술이 사용된 생활용품 알아보기
					4	우주 기술이 사용된 스포츠용품 알아보기
	[12과학 05-06] 지구와 달의 운동으로 나타나는 현상을 조사한다. [12과학 03-02] 인간의 탄생과 생애 주기별 성장 과정을 이해한다.	지구와 달의 운동	6. 추석	4. 추석에 보는 보름달	1	달의 모양 변화 관찰하기
					2	달의 모양이 변하는 까닭 조사하기
					3	지구와 달의 운동 모형 만들기
			4. 사진	3. 사진 속의 지구	1	해가 서쪽으로 지는 까닭 알아보기
					2	지구의 자전 알아보기
					3	지구의 공전 알아보기

프로젝트	프로젝트명	재구성 제재	주요 학습활동	차시	평가 과제	수업 방법
P1	그리스 로마 신화 이야기	그리스·로마 신화 맛보기	신화 속 신들 알기	1~2	인물 목록 만들기	플립러닝 스마트 러닝
		우주와 신	별자리에 대해 알기 황도 12궁 알기	3~5	관련도 만들기	플립러닝 스마트 러닝
P2	태양신 아폴론	태양신 아폴론	태양신 아폴론 신화 알기 아폴론에 대해 조사하기	6	인물 소개서	플립러닝 스마트 러닝
		태양의 특징 찾아보기	태양의 특징 알기 태양빛의 특징 알기	7	조사 보고서	VR 활용수업 스마트 러닝
		태양과 지구	태양이 지구에 미치는 영향 탐구하기	8	탐구 보고서	플립러닝
		태양이여, 빛이여, 사진이여	사진의 원리 알기 사진기 만들기 인생 사진 찍기	9~11	카메라 만들기	순환 학습
P3	파에톤과 태양마차	파에톤과 태양마차	태양을 싣고 달리는 마차 이야기 알기	12	소개자료 만들기	플립러닝
		우주선	우주를 탐험하는 우주선 조사하기 우주선 만들기	13~14	조사 보고서	스마트 러닝
		인공위성	인공위성 조사하기 인공위성 만들기	15~16	조사 보고서	VR 활용 수업
		우주 기술	생활 속 우주 기술 알아보기	17	탐구 보고서	경험학습
P4	달의 여신 아르테미스	달의 여신 아르테미스	달의 여신 아르테미스 신화 알기 아르테미스에 대해 조사하기	18~19	인물 소개서	플립러닝 스마트 러닝
		달의 특징과 모양	달의 특징 조사하기 달의 모양 그리기	20~21	조사 보고서	VR 활용 수업 스마트 러닝
		달과 지구의 관계	달의 공전 알기 조금과 사리에 대해 조사하기	22~23	탐구 보고서	플립러닝 스마트 러닝
P5	신화 속 직업	신화 속 직업인	신화 속 직업 조사하기	24	조사 보고서	플립러닝
		이 시대의 신화 속 직업인	신화 속 직업을 이 시대의 직업으로 바꾸기	25	직업 목록	경험 학습

월	주	기간	학교 행사 계기교육	교과핵심 역량	성취기준	배당 시간	단원
4	6	8 ~12		과학적 탐구 역량 과학적 문제 해결 역량	[12과학05-07] 우주과학이 생활에 미치는 영향을 조사한다. [12과학02-04] 소리의 발생과 전달 과정을 탐구한다. [12과학02-05] 오목렌즈와 볼록렌즈의 특징을 구분하고, 생활에서 렌즈가 이용되는 예를 조사한다.	2	13. 우주 탐사
	7	15 ~19	어울림 체육대회 (17)			2	
	8	22 ~26	개교기념일 (23) 중고 현장 체험학습 (26)			2	
	9	4.29 ~ 5.3	재량휴업일 (1)			2	
	10	6 ~10	대체공휴일 (6) 교내걷기 마라톤대회(8)			2	
5	11	13 ~17		자료 수집하기 조사하기	[12과학05-07] 우주과학이 생활에 미치는 영향을 조사한다.	2	1. 스마트폰
	12	20 ~24	수련활동 (20-21)			2	
	13	27 ~31				2	
6	14		현충일 (6) 재량휴업일 (7)	자료 수집하기 조사하기	[12과학05-06] 지구와 달의 운동으로 나타나는 현상을 조사한다.	2	6. 추석
	15	10 ~14				2	
	16	17 ~21	중고 현장 체험학습 (19) 1-4교시			2	

제재	주요 학습활동	차시	평가 방법	평가 과제	수업 방법
그리스·로마 신화 맛보기	신화 속 신들 알기	1	포트폴리오	인물목록 만들기	플립러닝 스마트러닝
우주와 신	우주와 관련된 신들 알기	2 ~3	관찰평가	관련도 만들기	플립러닝 스마트러닝
	별자리와 관련된 신 알기 (2차시로 늘리기)				
태양신 아폴론	태양신 아폴론 신화 알기	4 ~5	포트폴리오	인물소개서	플립러닝 스마트러닝
	아폴론에 대해 조사하기				
태양의 특징 찾아보기	태양의 특징 알기	6 ~7	관찰평가	조사보고서	VR 활용 수업 스마트러닝
	태양빛의 특징 알기				
태양과 지구	태양이 지구에 미치는 영향 탐구하기	8	관찰평가	탐구보고서	플립러닝
태양이여, 빛이여, 사진이여	사진의 원리 알기	9 ~11	관찰평가 포트폴리오	카메라 만들기	순환학습
	사진기 만들기				
	인생 사진 찍기				
파에톤과 태양마차	태양을 싣고 달리는 마차 이야기 알기	12	동료평가	소개자료 만들기	플립러닝
우주선	우주를 탐험하는 우주선 조사하기(수련활동-천문 관측 활동 연계)	13 ~14	관찰평가	조사보고서	스마트러닝
	우주선 만들기				
인공위성	인공위성 조사하기	15 ~16	포트폴리오	조사보고서	VR 활용 수업
	인공위성 만들기				
우주 기술	생활 속 우주 기술 알아보기	17	동료평가	탐구보고서	경험학습
달의 여신 아르테미스	달의 여신 아르테미스 신화 알기	18 ~19	포트폴리오	인물소개서	플립러닝 스마트러닝
	아르테미스에 대해 조사하기				
달의 특징과 모양	달의 특징 조사하기	20 ~21	동료평가	조사보고서	VR 활용 수업 스마트러닝
	달의 모양 그리기				
달과 지구의 관계	달의 공전 알기(달이 지구에 미치는 영향으로 대체)	22	관찰평가	탐구보고서	플립러닝 스마트러닝

6단계 교과지도계획으로 옮기기

프로젝트별 활동을 구성하고, 관련 단원의 교과 내용과 연결 맵이 만들어지면 학교의 학사 일정을 고려해 각 차시와 순서를 배치해야 한다. 특히 학교 행사나 창의적 체험활동의 내용을 고려해 수업을 연계시킬 수 있으며 타 교과 수업 내용과 연계하여 순서를 바꿀 수도 있다. 따라서 재구성한 프로젝트를 교과지도계획으로 옮길 때에는 학교 행사와 창의적 체험활동에 대한 고려가 이루어져야 한다.

중요한 것이 또 하나 있다. 교사가 직접 재구성한 교육과정일지라도 장애 학생의 수준에 크게 맞지 않거나, 배움이 어려울 때에는 과감히 수정할 수 있어야 한다. 예를 들어 처음에 그리스·로마 신화에 대한 올림포스 12신의 이름과 관장하는 분야, 인물의 관계도를 알아보는 활동으로 구성했다 할지라도, 장애 학생의 배움과 괴리가 크다면 특수교사의 판단에 의해 학습 수준을 낮추거나 차시를 늘리는 등 수정이 이루어져야 한다. 그리고 수정한 내용은 교과지도계획서에 표시하고, 이를 고려하여 다음 프로젝트에 반영해야 한다.

프로젝트별 수업 계획안

프로젝트별 수업 계획안은 교과지도계획을 바탕으로 세부 프로젝트 수업을 설계한다. 수업 계획은 차시별로 설계할 수도 있으나 여기

프로젝트별 수업 계획(다섯 개 세부 프로젝트 중 다섯 번째)

P5. 대장장이의 신 헤파이스토스	
프로젝트 목표	대장장이의 신 헤파이스토스를 알아보고, 다양한 직업에 대해 관심 갖기. 현대의 직업과 연결하기 위해 각 직업의 특징을 조사하고, 자신이 갖고 싶은 직업 조사하기

준비	활동 전개	결과 발표	고려 사항
• 과학(가) 기본 교과 교육과정 재구성 • 주제와 관련된 프로젝트 개발 • 프로젝트 관련 학습 자료 개발	• 헤파이스토스에 대해 조사하며 직업에 관심을 갖고, 그리스·로마 신화와 관련된 직업을 조사함 • 자신이 갖고 싶은 직업까지 확장	• 공통의 탐구 과제에 대해 각자 맡은 부분에 대해 발표하고, 이와 관련된 탐구 보고서 포트폴리오화	• 디딤영상 제작 시 신들의 상징과 직업의 특징을 명확하게 연결 • 협동 과제 제시를 통해 과제 해결

프로젝트 효과	헤파이스토스를 조사함으로써 다양한 직업에 관심을 갖고, 직업의 특징과 자신이 갖고 싶은 직업을 생각하게 함.

활동 구성		
학습 목표	• 헤파이스토스의 직업에 대해 조사할 수 있다. • 신화 속 직업을 이 시대의 직업과 연결할 수 있다.	
기능	• 교육과정 요소: 자료 수집하기, 조사하기 • 개별화 요소: 그림카드로 표현하기, 스마트패드 사용하기	
활동구성	P5-1	• 헤파이스토스의 상징과 관련된 직업 조사하기 • 신화 속 직업을 이 시대의 직업으로 바꾸기
평가 계획	평가 요소	• 헤파이스토스 조사하기 • 현대의 직업 조사하기
	평가 방법	• 관찰평가 • 자기평가, 동료평가
	평가 과제	• 헤파이스토스 조사보고서 • 신화와 직업 연결 맵 만들기
활용 자료	매체	• 디딤영상, 스마트패드, 스마트폰
	활용 앱	• 네이버 앱(QR코드)

참고: 김영미 외(2018), 『특수교육 교육과정 재구성』 일부를 수정하여 재구성함.

에서는 수업의 흐름을 고려해 세부 프로젝트를 한 덩어리의 수업으로 설정하고 수업을 설계했다.

수업 계획은 전반적인 내용을 반영하되 '활동 구성'을 꼼꼼하게 설계할 필요가 있다. 특히, 장애 학생들의 경우 개별화 교육 계획에 대한 내용을 반영할 수 있어야 하기 때문에 지식에 대한 내용뿐 아니라 기능과 태도에 대한 부분도 구체적으로 계획할 수 있어야 한다. 때문에 '기능' 부분에 대한 구체적인 계획과 이를 위한 활동 구성, 평가 계획, 활용 자료가 구체적으로 계획되어야 한다.

교수·학습 과정안

그리스·로마 신화를 활용한 현대의 직업 찾기 교수·학습 과정안

대상	고2-1	교과	과학	단원	5. 밥상	차시	25/25
학습 주제	그리스·로마 신화를 활용한 현대의 직업 찾기						
성취 기준	[12과학03-02] 인간의 탄생과 생애 주기별 성장 과정을 이해한다.						
학습 목표	현대의 직업을 조사하여 신화 속 인물과 연결할 수 있다.						
	가(상)		나(중)		다(하)		
	큐알 코드를 활용하여 현대 직업의 특징을 조사하고, 신화 속 인물과 연결할 수 있다.		큐알 코드를 활용하여 현대 직업의 특징을 보고, 신화 속 인물과 연결할 수 있다.		현대 직업의 특징을 조사하여 신화 속 인물과 연결하는 활동에 참여할 수 있다.		

학습 과정	교수·학습 활동			
	교사 활동	학생 활동		
		가(상)	나(중)	다(하)
준비 활동	• 전시 학습 상기시키기	• 신들의 이름과 상징을 자유롭게 말한다.		
	• 디딤영상(신화 속 직업) 상기시키기	• 디딤영상에서 보았던 직업인의 이름을 포스트잇에 쓴다.		
		– 직업의 이름을 포스트잇에 써서 칠판에 붙인다.		– 직업카드를 선택하여 칠판에 붙인다.
	• 공부할 문제 질문하기	• 디딤영상에서 보았던 직업인의 이름을 포스트잇에 쓴다.		
		– 무엇에 공부하면 좋을지 자신의 생각을 말한다.		– 공부할 문제라고 생각하는 단어카드를 선택한다.
	• 공부할 문제 만들기	• 공부할 문제를 만든다. 신화 속 인물과 관련된 현대 직업을 조사해 봅시다.		
	• 순서 확인하기	• 학습 순서를 안다, 1. 현대의 직업 조사하기 2. 직업 목록 만들기		
중심 활동	활동1 〈협동학습〉 • 직업 큐알 코드 제시하기	• 큐알 코드를 선택하여, 자신이 조사할 직업을 확인한다		
		– 스마트폰을 활용하여 큐알 코드를 연결하고, 조사할 직업을 확인한다.	– 교사의 부분적 도움을 받아 스마트패드를 활용하여 큐알 코드를 연결하고, 조사할 직업을 확인한다	– 실무사의 도움을 받아 큐알 코드를 연결하여 조사할 직업을 확인하는 활동에 참여한다.
	• 직업 조사활동 안내하기	• 직업카드에 큐알 코드를 붙이고, 맡은 직업을 조사한다.		
		– 맡은 직업을 조사하여 직업카드를 작성한다.	– 부분적 도움을 받아 직업카드를 작성한다.	– 실무사의 도움을 받아 검색하여 나온 직업과 같은 직업카드를 선택하고, 작성한다.

중심 활동	•직업명과 하는 일 질 문하기	•질문을 듣고 자신이 조사한 직업을 발표한다.		
		– 자신이 조사한 직업을 발표한다.		– 자신이 조사 한 직업카드 를 들어 표현 한다.
	활동2 〈토론학습〉 •현대의 직업과 어울리 는 신화 속 인물 질문 하기	•발표한 친구의 의견을 듣고 동의하면 초록색 카 드를, 반대하면 빨간색 카드를 들어 의견을 제시 한다.		
		– 신호등 카드로 의견을 제시하 고, 의견이 다 를 경우 이유 를 말한다.	– 신호등 카드 로 의견을 제 시한다.	– 실무사의 도 움 을 받 아 신호등 카드 로 의견을 제 시한다.
		•발표한 친구의 의견을 듣고 동의하면 초록색 카 드를, 반대하면 빨간색 카드를 들어 의견을 제시 한다.		
정리 활동	•신들의 상징과 연관된 직업 질문하기	•질문을 듣고, 연관된 직업의 이름을 말한다.		
		– 직업의 이름 을 말한다.	– 직업의 이름을 따라 말한다.	– 친구들의 답변 을 경청한다.

수업은 흔적을 남긴다

-'선생님, 아폴론이 너무 불쌍해요'

-우주를 담은 그리스·로마 신화 프로젝트 수업

'태양신 아폴론'

"선생님, 아폴론이 너무 불쌍해요."

수업을 시작하는데 갑자기 다빈이가 말했다.

"야! 갑자기 무슨 말이야, 아폴론은 어제 배운 거잖아. 오늘은 다른 거야."

반장 원준이가 수업 분위기를 잡으려는 듯 말했다.

"아니야, 원준아 수업 시작하기 전이니까 다빈이 말을 들어 볼까? 다빈아, 아폴론이 왜 불쌍하다는 생각이 들었어?"

"저 같으면 다프네가 싫다고 하면 기분 나빠서 차 버릴 것 같은데, 아폴론은 다프네가 나무로 변했어도 잊지 못했잖아요. 그래서 아폴론이 너무 불쌍해요."

"야, 모태솔로 들은 원래 그런 거야. 여자 친구가 많이 없으니까."

원준이가 다빈이에게 면박하듯 말했다.

"다빈이가, 아폴론을 생각하면서 그런 생각을 했구나. 원준아, 이성 친구들이 많이 없어도 정말 좋아하면 잊지 못할 수 있어. 다빈이의 그런 생각도 존중해 주자."

"네."

과학 시간에 인문학적 소양을 길러 주기 위해 '우주를 담은 그리스·로마 신화' 프로젝트를 시도해 보았다.

도전이었다. 자기 이름도 제대로 쓰지 못하는 학생들이 많고, 인문학적 소양은커녕 실험도 제대로 하기 어려운 상황인데 인문학 수업을 하다니. 다른 선생님들이 이 사실을 안다면 좋은 말만 나오지는 않을 거라 생각했다. 하지만 꼭 해 보고 싶었다. 프로젝트 수업 자체를 해 보고 싶기도 했고, 특수학교의 장애 학생들도 인문학 수업을 할 수 있다는 것을 보여 주고 싶었다. 그리고 장애 학생들에게도 인문학이라는 것이 필요하며, 배움을 통해 우리 아이들 입에서 인문학과 관련된 이야기들이 나올 수 있을 것이라 기대했다.

드디어 그날이 왔다. 처음 프로젝트 수업을 시작했을 때는 정말 힘들었다. 내용도 어려울뿐더러 아이들이 전혀 관심을 갖지 않는 것처럼 보였다. 사실 지금도 관심 없는 아이들이 많다. 그래서 기능적인 부분과 지식적인 부분을 함께 다루고자 노력하고 있다.

그런데 어느 날 다빈이 입에서 '아폴론'이라는 이름이 나왔다. 물론 그리스·로마 신화 전체를 이해하고 자신의 생각을 말했을 거라고 생각하지 않는다. 그러나 최소한 아폴론 신화에 나오는 사건에 대해 이해하고, 공감했다는 것에서 큰 변화가 있었다고 생각한다. 장애 학생 입에서 '아폴론'이라는 이름이 나온 것 자체가 감격이었다.

그전에는 실험기구의 이름, 현상 알기, 일상생활에 관련된 단어들만 말했다. 정확히 말하면 그런 것들만 수업 내용으로 다뤘고 그런 단어들만 말하도록 특수교사인 내가 만들었다. 그런데 이제는 아이들의 입에서 신들의 이름이 나온다. 별자리 이름이 나온다. 어딘가에서 들었던 신화나 비슷한 내용을 이야기한다.

이것이 배움일 것이다. 프로젝트 수업을 기획하고 교육과정을 프로젝트 수업으로 재구성하면서 이러한 일까지 모두 예측하여 설계하지는 않았다. 시작은 어려웠고, 지금 잘하고 있는 건지 나 스스로 의심을 했었다. 그런데 교사가 흔들리고 있는 가운데서도 아이들은 배우고 있었다. 그리고 서투른 생각이지만 그것을 표현했다. 어쩌면 배움이란 큰 깨달음, 획기적인 변화가 아니라 학생들의 입에서 나오는 새로운 한 음절, 한 단어가 아닐까 싶다.

만약 이 프로젝트를 시작하지 않았다면 지금 우리 아이들 입에서는 어떤 말들이 나오고, 어떤 생각의 변화가 일어나고 있을까. 지금도 프로젝트 수업을 수정해 가면서 운영하고 있지만 시작하길 잘했다는 생각이 든다. 왜냐하면 지금 시작하지 않았다면 아이들의 입에서 '아폴론'이란 이름은 영원히 나오지 않을 수도 있기 때문이다.

나오며

고등학교 때 담임선생님과 통화를 자주 하는 편이다. 선생님께서는 명예퇴직을 하셔서 이제 직장은 없지만 고등학교 근처에 사 놓았던 땅에 여러 농작물을 심고 키우는 일과 교회에서 중등부 학생들을 가르치는 새로운 일이 생기셨다. 선생님은 가끔 말씀하시곤 한다.

"동인아, 나는 학교에 있으면서 뭐 했는지 모르겠다. 그냥 너희들만 생각하면서 살다 보니까 지금 이 나이가 됐는데 돌이켜 생각해 보면 한 일이 없는 것 같다."

그렇게 말씀하실 때 나는 말한다.

"선생님, 지금 선생님께서 손에 쥐고 있는 특별한 무언가는 없지만 선생님을 바라보면서 선생님 같은 교사가 되겠다고 꿈을 키운 제자들이 있잖아요. 물론 이 늦은 시간에 30분씩 통화도 저 같은 철없는 제자도 있고요."

"그래, 네 말이 맞다. 어제는 쉰두 살 먹은 네 선배 한 명이 술 마시고 밤 열두 시에 전화하더라. 뭐 물어볼 것이 있다고."

"대단하네요, 술 마시고 취했는데 생각나는 사람이 선생님이시라니. 선생님은 더 크고, 많은 것을 쥐고 계시네요."

교사로서의 인생을 다 살았다면 남는 것이 뭐가 있을까. 어떤 노력을 했고, 어떤 준비를 했느냐에 따라 당장 손에 쥐고 있는 것은 다를 수 있다. 그러나 교사에게 남는 것은 결국 제자들뿐이다.

특수교사가 어려운 이유가 여기에 있다. 다른 교사들과 다르게 장애 학생들을 가르치는 특수교사는 제자들을 통해 느끼는 보람과 만족이 상대적으로 덜할 수밖에 없다. 단적인 예로 스승의 날에 다른 선생님들은 제자들이 찾아와 인사도 하고 옛날 일들을 이야기하며 추억을 나눈다. 그러나 특수교사는 그럴 일이 생각보다 많지 않다. 지적장애나 자폐성장애 학생들을 가르친 특수교사라면 그럴 일이 거의 없다고 해도 과언은 아닐 것이다.

그렇다면 특수교사는 교사로서 남는 것이 없는 것일까. 그렇지 않다. 스승의 날에 찾아오는 제자들이 없어도, 늦은 밤 술 마시고 전화하는 제자들이 없어도, 결혼한다고 주례를 부탁하는 제자들이 없어도 특수교사인 우리에게는 지금까지 만난 제자들, 지금 만나고 있는 제자들, 앞으로 만날 제자들이 있다. 또한 아이들의 변화되는 모습을 보며 감격했던 그때의 감동이 있고, 나를 통해 변화될 아이들을 기다리는 기대가 있다.

특수교사인 선생님은 교직을 떠날 때 무엇이 남을 것 같은가. 다른 것은 몰라도 특수교사였던 모든 선생님에게 우리 아이들이 남았으면 좋겠다. 그리고 그 아이들을 남기기 위해 어떤 특수교사로 살고 싶은지 교사관을 명확히 세우고, 선생님 자신의 교육철학을 관철시켰으면 한다.

거기에 가르치는 일에 대한 전문가로서 삶을 더했으면 한다. 특수교사는 가르치는 사람이다. 그 가르침이 지식 전달의 차원을 넘어 삶에 대한 전반을 가르쳐야 하므로 수업 하나로 모든 것을 배우게 하고, 평가하기에는 어려움이 있다. 그러나 그 어려운 것을 해내는 것도 전문가의 몫이다. 특수교사 또한 가르치는 일에 대한 전문가로서 학교생활 전반에서 전문성을 발휘해야 하겠지만 그것의 시작은 가르치는 일, 즉 수업이 되어야 할 것이다.

특수교육은 참으로 고된 일이다. 괄목할 만한 결과를 만들기도, 비약적인 발전을 이루기도 쉽지 않다. 모든 교육이 그러하겠지만 특수교육은 더욱 어렵게 느껴진다. 그런데 그 중심에 특수교사가 있다. 특수교사. 절대 만만하지 않으며, 쉽게 할 수도 쉽게 여겨서도 안 되는 것이 특수교사다. 반대로 생각해 보면 현재 특수교사의 역할이 그만큼 중요하다. 개인의 안위와 편의를 생각하기보다 교사로서의 삶에서 아이들을 남기기 위해 지금 이 순간에 무엇인가를 해야 한다. 그 무엇인가가 개인(교사)에게는 특별함(아이들)을 남기고, 특수교육에는 질적인 성장을 남길 것이다.

그 길에 모든 특수교사가 함께하길 바란다. 아울러 그 일을 하나씩 해 나가는 과정에서 이 책이 조금이나마 도움이 되길 기대해 본다.

삶의 행복을 꿈꾸는 교육은 어디에서 오는가?

미래 100년을 향한 새로운 교육 · 혁신교육을 실천하는 교사들의 필독서

▶ 교육혁명을 앞당기는 배움책 이야기
혁신교육의 철학과 잉걸진 미래를 만나다!

한국교육연구네트워크 총서

01 핀란드 교육혁명
한국교육연구네트워크 엮음 | 320쪽 | 값 15,000원

02 일제고사를 넘어서
한국교육연구네트워크 엮음 | 284쪽 | 값 13,000원

03 새로운 사회를 여는 교육혁명
한국교육연구네트워크 엮음 | 380쪽 | 값 17,000원

04 교장제도 혁명
한국교육연구네트워크 엮음 | 268쪽 | 값 14,000원

05 새로운 사회를 여는 교육자치 혁명
한국교육연구네트워크 엮음 | 312쪽 | 값 15,000원

06 혁신학교에 대한 교육학적 성찰
한국교육연구네트워크 엮음 | 308쪽 | 값 15,000원

07 진보주의 교육의 세계적 동향
한국교육연구네트워크 엮음 | 324쪽 | 값 17,000원
2018 세종도서 학술부문

08 더 나은 세상을 위한 학교혁명
한국교육연구네트워크 엮음 | 404쪽 | 값 21,000원
2018 세종도서 교양부문

09 비판적 실천을 위한 교육학
이윤미 외 지음 | 448쪽 | 값 23,000원

10 마을교육공동체운동:
세계적 동향과 전망
심성보 외 지음 | 376쪽 | 값 18,000원

혁신학교
성열관·이순철 지음 | 224쪽 | 값 12,000원

행복한 혁신학교 만들기
초등교육과정연구모임 지음 | 264쪽 | 값 13,000원

서울형 혁신학교 이야기
이부영 지음 | 320쪽 | 값 15,000원

혁신교육, 철학을 만나다
브렌트 데이비스·데니스 수마라 지음
현인철·서용선 옮김 | 304쪽 | 값 15,000원

한국교육연구네트워크 번역 총서

01 프레이리와 교육
존 엘리아스 지음 | 한국교육연구네트워크 옮김
276쪽 | 값 14,000원

02 교육은 사회를 바꿀 수 있을까?
마이클 애플 지음 | 강희룡·김선우·박원순·이형빈 옮김
356쪽 | 값 16,000원

03 비판적 페다고지는
세상을 변화시킬 수 있는가?
Seewha Cho 지음 | 심성보·조시화 옮김 | 280쪽 | 값 14,000원

04 마이클 애플의 민주학교
마이클 애플·제임스 빈 엮음 | 강희룡 옮김 | 276쪽 | 값 14,000원

05 21세기 교육과 민주주의
넬 나딩스 지음 | 심성보 옮김 | 392쪽 | 값 18,000원

06 세계교육개혁:
민영화 우선인가 공적 투자 강화인가?
린다 달링-해먼드 외 지음 | 심성보 외 옮김 | 408쪽 | 값 21,000원

07 콩도르세, 공교육에 관한 다섯 논문
니콜라 드 콩도르세 지음 | 이주환 옮김 | 300쪽 | 값 16,000원

대한민국 교사, 어떻게 가르칠 것인가?
윤성관 지음 | 320쪽 | 값 15,000원

아이들을 어떻게 가르칠 것인가
사토 마나부 지음 | 박찬영 옮김 | 232쪽 | 값 13,000원

모두를 위한 국제이해교육
한국국제이해교육학회 지음 | 364쪽 | 값 16,000원

경쟁을 넘어 발달 교육으로
현광일 지음 | 288쪽 | 값 14,000원

혁신교육 존 듀이에게 묻다
서용선 지음 | 292쪽 | 값 14,000원

 독일 교육, 왜 강한가?
박성희 지음 | 324쪽 | 값 15,000원

 다시 읽는 조선 교육사
이만규 지음 | 750쪽 | 값 33,000원

 핀란드 교육의 기적
한넬레 니에미 외 엮음 | 장수명 외 옮김 | 456쪽 | 값 23,000원

 대한민국 교육혁명
교육혁명공동행동 연구위원회 지음 | 224쪽 | 값 12,000원

 한국 교육의 현실과 전망
심성보 지음 | 724쪽 | 값 35,000원

▶ 비고츠키 선집 시리즈
발달과 협력의 교육학 어떻게 읽을 것인가?

 생각과 말
레프 세묘노비치 비고츠키 지음
배희철·김용호·D. 켈로그 옮김 | 690쪽 | 값 33,000원

 성장과 분화
L.S. 비고츠키 지음 | 비고츠키 연구회 옮김
308쪽 | 값 15,000원

 도구와 기호
비고츠키·루리야 지음 | 비고츠키 연구회 옮김
336쪽 | 값 16,000원

 연령과 위기
L.S. 비고츠키 지음 | 비고츠키 연구회 옮김
336쪽 | 값 17,000원

 어린이 자기행동숙달의 역사와 발달 I
L.S. 비고츠키 지음 | 비고츠키 연구회 옮김
564쪽 | 값 28,000원

 의식과 숙달
L.S. 비고츠키 지음 | 비고츠키 연구회 옮김
348쪽 | 값 17,000원

 어린이 자기행동숙달의 역사와 발달 II
L.S. 비고츠키 지음 | 비고츠키 연구회 옮김
552쪽 | 값 28,000원

 분열과 사랑
L.S. 비고츠키 지음 | 비고츠키 연구회 옮김
260쪽 | 값 16,000원

 어린이의 상상과 창조
L.S. 비고츠키 지음 | 비고츠키 연구회 옮김
280쪽 | 값 15,000원

 성애와 갈등
L.S. 비고츠키 지음 | 비고츠키 연구회 옮김
268쪽 | 값 17,000원

 비고츠키와 인지 발달의 비밀
A.R. 루리야 지음 | 배희철 옮김 | 280쪽 | 값 15,000원

 관계의 교육학, 비고츠키
진보교육연구소 비고츠키교육학실천연구모임 지음
300쪽 | 값 15,000원

 수업과 수업 사이
비고츠키 연구회 지음 | 196쪽 | 값 12,000원

 비고츠키 생각과 말 쉽게 읽기
진보교육연구소 비고츠키교육학실천연구모임 지음
316쪽 | 값 15,000원

 비고츠키의 발달교육이란 무엇인가?
비고츠키교육학실천연구모임 지음 | 412쪽 | 값 21,000원

 교사와 부모를 위한 비고츠키 교육학
카르포프 지음 | 실천교사번역팀 옮김 | 308쪽 | 값 15,000원

 비고츠키 철학으로 본 핀란드 교육과정
배희철 지음 | 456쪽 | 값 23,000원

▶ 살림터 참교육 문예 시리즈
영혼이 있는 삶을 가르치는 온 선생님을 만나다!

 꽃보다 귀한 우리 아이는
조재도 지음 | 244쪽 | 값 12,000원

 선생님이 먼저 때렸는데요
강병철 지음 | 248쪽 | 값 12,000원

 성깔 있는 나무들
최은숙 지음 | 244쪽 | 값 12,000원

 서울 여자, 시골 선생님 되다
조경선 지음 | 252쪽 | 값 12,000원

아이들에게 세상을 배웠네
명혜정 지음 | 240쪽 | 값 12,000원

행복한 창의 교육
최창의 지음 | 328쪽 | 값 15,000원

밥상에서 세상으로
김흥숙 지음 | 280쪽 | 값 13,000원

북유럽 교육 기행
정애경 외 14인 지음 | 288쪽 | 값 14,000원

우물쭈물하다 끝난 교사 이야기
유기창 지음 | 380쪽 | 값 17,000원

▶ 4·16, 질문이 있는 교실 마주이야기
통합수업으로 혁신교육과정을 재구성하다!

통하는 공부
김태호·김형우·이경석·심우근·허진만 지음
324쪽 | 값 15,000원

미래교육의 열쇠, 창의적 문화교육
심광현·노명우·강정석 지음 | 368쪽 | 값 16,000원

내일 수업 어떻게 하지?
아이함께 지음 | 300쪽 | 값 15,000원
2015 세종도서 교양부문

주제통합수업, 아이들을 수업의 주인공으로!
이윤미 외 지음 | 392쪽 | 값 17,000원

인간 회복의 교육
성래운 지음 | 260쪽 | 값 13,000원

수업과 교육의 지평을 확장하는 수업 비평
윤양수 지음 | 316쪽 | 값 15,000원
2014 문화체육관광부 우수교양도서

교과서 너머 교육과정 마주하기
이윤미 외 지음 | 368쪽 | 값 17,000원

교사, 선생이 되다
김태은 외 지음 | 260쪽 | 값 13,000원

수업 고수들 수업·교육과정·평가를 말하다
박현숙 외 지음 | 368쪽 | 값 17,000원

교사의 전문성, 어떻게 만들어지나
국제교원노조연맹 보고서 | 김석규 옮김 392쪽 | 값 17,000원

도덕 수업, 책으로 묻고 윤리로 답하다
울산도덕교사모임 지음 | 320쪽 | 값 15,000원

수업의 정치
윤양수·원종희·장군 지음 | 280쪽 | 값 14,000원

체육 교사, 수업을 말하다
전용진 지음 | 304쪽 | 값 15,000원

학교협동조합,
현장체험학습과 마을교육공동체를 잇다
주수원 외 지음 | 296쪽 | 값 15,000원

교실을 위한 프레이리
아이러 소어 엮음 | 사람대사람 옮김 | 412쪽 | 값 18,000원

거꾸로 교실,
잠자는 아이들을 깨우는 수업의 비밀
이민경 지음 | 280쪽 | 값 14,000원

마을교육공동체란 무엇인가?
서용선 외 지음 | 360쪽 | 값 17,000원

교사는 무엇으로 사는가
정은균 지음 | 292쪽 | 값 15,000원

교사, 학교를 바꾸다
정진화 지음 | 372쪽 | 값 17,000원

마음의 힘을 기르는 감성수업
조선미 외 지음 | 300쪽 | 값 15,000원

함께 배움
학생 주도 배움 중심 수업 이렇게 한다
니시카와 준 지음 | 백경석 옮김 | 280쪽 | 값 15,000원

작은 학교 아이들
지경준 엮음 | 376쪽 | 값 17,000원

공교육은 왜?
홍섭근 지음 | 352쪽 | 값 16,000원

아이들의 배움은 어떻게 깊어지는가
이시이 준지 지음 | 방지현·이창희 옮김 | 200쪽 | 값 11,000원

자기혁신과 공동의 성장을 위한
교사들의 필리버스터
윤양수·원종희·장군·조경삼 지음 | 280쪽 | 값 14,000원

대한민국 입시혁명
참교육연구소 입시연구팀 지음 | 220쪽 | 값 12,000원

함께 배움 이렇게 시작한다
니시카와 준 지음 | 백경석 옮김 | 196쪽 | 값 12,000원

함께 배움 교사의 말하기
니시카와 준 지음 | 백경석 옮김 | 188쪽 | 값 12,000원

교육과정 통합, 어떻게 할 것인가?
성열관 외 지음 | 192쪽 | 값 13,000원

학교 혁신의 길, 아이들에게 묻다
남궁상운 외 지음 | 272쪽 | 값 15,000원

프레이리의 사상과 실천
사람대사람 지음 | 352쪽 | 값 18,000원
2018 세종도서 학술부문

혁신학교, 한국 교육의 미래를 열다
송순재 외 지음 | 608쪽 | 값 30,000원

페다고지를 위하여
프레네의『페다고지 불변요소』읽기
박찬영 지음 | 296쪽 | 값 15,000원

노자와 탈현대 문명
홍승표 지음 | 284쪽 | 값 15,000원

선생님, 민주시민교육이 뭐예요?
염경미 지음 | 244쪽 | 값 15,000원

어쩌다 혁신학교
유우석 외 지음 | 380쪽 | 값 17,000원

미래, 교육을 묻다
정광필 지음 | 232쪽 | 값 15,000원

대학, 협동조합으로 교육하라
박주희 외 지음 | 252쪽 | 값 15,000원

입시, 어떻게 바꿀 것인가?
노기원 지음 | 306쪽 | 값 15,000원

촛불시대, 혁신교육을 말하다
이용관 지음 | 240쪽 | 값 15,000원

라운드 스터디
이시이 데루마사 외 엮음 | 224쪽 | 값 15,000원

미래교육을 디자인하는 학교교육과정
박승열 외 지음 | 348쪽 | 값 18,000원

흥미진진한 아일랜드 전환학년 이야기
제리 제퍼스 지음 | 최상덕·김호원 옮김 | 508쪽 | 값 27,000원

교사를 세우는 교육과정
박숭열 지음 | 312쪽 | 값 15,000원

전국 17명 교육감들과 나눈
교육 대담
최창의 대담·기록 | 272쪽 | 값 15,000원

들뢰즈와 가타리를 통해
유아교육 읽기
리세롯 마리엣 올슨 지음 | 이연선 외 옮김 | 328쪽 | 값 17,000원

학교 민주주의의 불한당들
정은균 지음 | 276쪽 | 값 14,000원

교육과정, 수업, 평가의 일체화
리사 카터 지음 | 박숭열 외 옮김 | 196쪽 | 값 13,000원

학교를 개선하는 교장
지속가능한 학교 혁신을 위한 실천 전략
마이클 풀란 지음 | 서동연·정효준 옮김 | 216쪽 | 값 13,000원

공자던, 논어는 이것이다
유문상 지음 | 392쪽 | 값 18,000원

교사와 부모를 위한
발달교육이란 무엇인가?
현광일 지음 | 380쪽 | 값 18,000원

교사, 이오덕에게 길을 묻다
이무완 지음 | 328쪽 | 값 15,000원

낙오자 없는 스웨덴 교육
레이프 스트란드베리 지음 | 변광수 옮김 | 208쪽 | 값 13,000원

끝나지 않은 마지막 수업
장석웅 지음 | 328쪽 | 값 20,000원

경기꿈의학교
진흥섭 외 지음 | 360쪽 | 값 17,000원

학교를 말한다
이성우 지음 | 292쪽 | 값 15,000원

행복도시 세종, 혁신교육으로 디자인하다
곽순일 외 지음 | 392쪽 | 값 18,000원

나는 거꾸로 교실 거꾸로 교사
류광모·임정훈 지음 | 212쪽 | 값 13,000원

교실 속으로 간 이해중심 교육과정
온정덕 외 지음 | 224쪽 | 값 13,000원

교실, 평화를 말하다
따돌림사회연구모임 초등우정팀 지음 | 268쪽 | 값 15,000원

폭력 교실에 맞서는 용기
따돌림사회연구모임 학급운영팀 지음 | 272쪽 | 값 15,000원

학교자율운영 2.0
김용 지음 | 240쪽 | 값 15,000원

그래도 혁신학교
박은혜 외 지음 | 248쪽 | 값 15,000원

학교자치를 부탁해
유우석 외 지음 | 252쪽 | 값 15,000원

학교는 어떤 공동체인가?
성열관 외 지음 | 228쪽 | 값 15,000원

국제이해교육 페다고지
강순원 외 지음 | 256쪽 | 값 15,000원

교사 전쟁
다나 골드스타인 지음 | 유성상 외 옮김 | 468쪽 | 값 23,000원

미래교육, 어떻게 만들어갈 것인가?
송기상·김성천 지음 | 300쪽 | 값 16,000원

인공지능 시대의 사회학적 상상력
홍승표 지음 | 260쪽 | 값 15,000원

선생님, 페미니즘이 뭐예요?
염경미 지음 | 280쪽 | 값 15,000원

시민, 학교에 가다
최형규 지음 | 260쪽 | 값 15,000원

혁신교육지구와 마을교육공동체는 어떻게 만들어지는가?
김태정 지음 | 376쪽 | 값 18,000원

▶ **교과서 밖에서 만나는 역사 교실**
상식이 통하는 살아 있는 역사를 만나다

전봉준과 동학농민혁명
조광환 지음 | 336쪽 | 값 15,000원

교과서 밖에서 배우는 역사 공부
정은교 지음 | 292쪽 | 값 14,000원

남도의 기억을 걷다
노성태 지음 | 344쪽 | 값 14,000원

팔만대장경도 모르면 빨래판이다
전병철 지음 | 360쪽 | 값 16,000원

응답하라 한국사 1·2
김은석 지음 | 356쪽·368쪽 | 각권 값 15,000원

빨래판도 잘 보면 팔만대장경이다
전병철 지음 | 360쪽 | 값 16,000원

즐거운 국사수업 32강
김남선 지음 | 280쪽 | 값 11,000원

영화는 역사다
강성률 지음 | 288쪽 | 값 13,000원

즐거운 세계사 수업
김은석 지음 | 328쪽 | 값 13,000원

친일 영화의 해부학
강성률 지음 | 264쪽 | 값 15,000원

강화도의 기억을 걷다
최보길 지음 | 276쪽 | 값 14,000원

한국 고대사의 비밀
김은석 지음 | 304쪽 | 값 13,000원

광주의 기억을 걷다
노성태 지음 | 348쪽 | 값 15,000원

조선족 근현대 교육사
정미량 지음 | 320쪽 | 값 15,000원

선생님도 궁금해하는 한국사의 비밀 20가지
김은석 지음 | 312쪽 | 값 15,000원

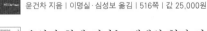
다시 읽는 조선근대 교육의 사상과 운동
윤건차 지음 | 이명실·심성보 옮김 | 516쪽 | 값 25,000원

걸림돌
키르스텐 세룹-빌펠트 지음 | 문봉애 옮김
248쪽 | 값 13,000원

음악과 함께 떠나는 세계의 혁명 이야기
조광환 지음 | 292쪽 | 값 15,000원

역사수업을 부탁해
열 사람의 한 걸음 지음 | 388쪽 | 값 18,000원

논쟁으로 보는 일본 근대 교육의 역사
이명실 지음 | 324쪽 | 값 17,000원

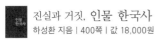
진실과 거짓, 인물 한국사
하성환 지음 | 400쪽 | 값 18,000원

다시, 독립의 기억을 걷다
노성태 지음 | 320쪽 | 값 16,000원

우리 역사에서 사라진 근현대 인물 한국사
하성환 지음 | 296쪽 | 값 18,000원

한국사 리뷰
김은석 지음 | 244쪽 | 값 15,000원

꼬물꼬물 거꾸로 역사수업
역모자들 지음 | 436쪽 | 값 23,000원

경남의 기억을 걷다
류형진 외 지음 | 564쪽 | 값 28,000원

▶ 더불어 사는 정의로운 세상을 여는 인문사회과학
사람의 존엄과 평등의 가치를 배운다

밥상혁명
강양구·강이현 지음 | 298쪽 | 값 13,800원

좌우지간 인권이다
안경환 지음 | 288쪽 | 값 13,000원

도덕 교과서 무엇이 문제인가?
김대용 지음 | 272쪽 | 값 14,000원

민주시민교육
심성보 지음 | 544쪽 | 값 25,000원

자율주의와 진보교육
조엘 스프링 지음 | 심성보 옮김 | 320쪽 | 값 15,000원

민주시민을 위한 도덕교육
심성보 지음 | 500쪽 | 값 25,000원
2015 세종도서 학술부문

민주화 이후의 공동체 교육
심성보 지음 | 392쪽 | 값 15,000원
2009 문화체육관광부 우수학술도서

교과서 밖에서 배우는 인문학 공부
정은교 지음 | 280쪽 | 값 13,000원

갈등을 넘어 협력 사회로
이창언·오수길·유문종·신윤관 지음 | 280쪽 | 값 15,000원

오래된 미래교육
정재걸 지음 | 392쪽 | 값 18,000원

동양사상과 마음교육
정재걸 외 지음 | 356쪽 | 값 16,000원
2015 세종도서 학술부문

대한민국 의료혁명
전국보건의료산업노동조합 엮음 | 548쪽 | 값 25,000원

교과서 밖에서 배우는 철학 공부
정은교 지음 | 280쪽 | 값 14,000원

교과서 밖에서 배우는 고전 공부
정은교 지음 | 288쪽 | 값 14,000원

교과서 밖에서 배우는 사회 공부
정은교 지음 | 304쪽 | 값 15,000원

전체 안의 전체 사고 속의 사고
김우창의 인문학을 읽다
현광일 지음 | 320쪽 | 값 15,000원

교과서 밖에서 배우는 윤리 공부
정은교 지음 | 292쪽 | 값 15,000원

카스트로, 종교를 말하다
피델 카스트로·프레이 베토 대담 | 조세종 옮김
420쪽 | 값 21,000원

한글 혁명
김슬옹 지음 | 388쪽 | 값 18,000원

일제강점기 한국철학
이태우 지음 | 448쪽 | 값 25,000원

우리 안의 미래교육
정재걸 지음 | 484쪽 | 값 25,000원

한국 교육 제4의 길을 찾다
이길상 지음 | 400쪽 | 값 21,000원

왜 그는 한국으로 돌아왔는가?
황선준 지음 | 364쪽 | 값 17,000원

마을교육공동체 생태적 의미와 실천
김용련 지음 | 256쪽 | 값 15,000원

▶ 평화샘 프로젝트 매뉴얼 시리즈
학교폭력에 대한 근본적인 예방과 대책을 찾는다

 학교폭력 어떻게 만들어지는가
문재현 외 지음 | 300쪽 | 값 14,000원

 아이들을 살리는 동네
문재현 · 신동명 · 김수동 지음 | 204쪽 | 값 10,000원

 학교폭력, 멈춰!
문재현 외 지음 | 348쪽 | 값 15,000원

 평화! 행복한 학교의 시작
문재현 외 지음 | 252쪽 | 값 12,000원

 왕따, 이렇게 해결할 수 있다
문재현 외 지음 | 236쪽 | 값 12,000원

 마을에 배움의 길이 있다
문재현 지음 | 208쪽 | 값 10,000원

 젊은 부모를 위한 백만 년의 육아 슬기
문재현 지음 | 248쪽 | 값 13,000원

 별자리, 인류의 이야기 주머니
문재현 · 문한뫼 지음 | 444쪽 | 값 20,000원

 우리는 마을에 산다
유양우 · 신동명 · 김수동 · 문재현 지음 | 312쪽 | 값 15,000원

 동생아, 우리 뭐 하고 놀까?
문재현 외 지음 | 280쪽 | 값 15,000원

 누가, 학교폭력 해결을 가로막는가?
문재현 외 지음 | 312쪽 | 값 15,000원

▶ 남북이 하나 되는 두물머리 평화교육
분단 극복을 위한 치열한 배움과 실천을 만나다

 10년 후 통일
정동영 · 지승호 지음 | 328쪽 | 값 15,000원

 선생님, 통일이 뭐예요?
정경호 지음 | 252쪽 | 값 13,000원

 분단시대의 통일교육
성래운 지음 | 428쪽 | 값 18,000원

 김창환 교수의 DMZ 지리 이야기
김창환 지음 | 264쪽 | 값 15,000원

 한반도 평화교육 어떻게 할 것인가
이기범 외 지음 | 252쪽 | 값 15,000원

▶ 창의적인 협력 수업을 지향하는 삶이 있는 국어 교실
우리말 글을 배우며 세상을 배운다

 중학교 국어 수업 어떻게 할 것인가?
김미경 지음 | 340쪽 | 값 15,000원

 토론의 숲에서 나를 만나다
명혜정 엮음 | 312쪽 | 값 15,000원

 토닥토닥 토론해요
명혜정 · 이명선 · 조선미 엮음 | 288쪽 | 값 15,000원

 인문학의 숲을 거니는 토론 수업
순천국어교사모임 엮음 | 308쪽 | 값 15,000원

 어린이와 시
오인태 지음 | 192쪽 | 값 12,000원

 수업, 슬로리딩과 함께
박경숙 외 지음 | 268쪽 | 값 15,000원

 언어던
정은균 지음 | 268쪽 | 값 15,000원

 민촌 이기영 평전
이성렬 지음 | 508쪽 | 값 20,000원